高等职业教育"十三五"创新示范教材
高等职业教育财务会计专业系列教材

会计综合实训

（第三版）（附空白账表）

KUAIJI ZONGHE SHIXUN

→ 主　编　丁增稳　曹方林
　　副主编　王桂姿　韩英锋
　　　　　　盘晓娟

本书另配实训参考答案

高等教育出版社·北京

内容提要

本书是高等职业教育"十三五"创新示范教材。

本书采用任务驱动式教学法,以制造业典型业务为主线,进行小组分工操作,从建立账簿开始,一直到编制财务报表,形成一个完整的、系统的、综合的会计工作任务,着重强调会计主管、出纳、制单及成本核算之间的会计核算流程。本书将会计电算化与手工会计核算融为一体,全面提升学生实际动手能力。为了利教便学,本书附有空白账表供学生使用。此外,本书另配有教学课件、实训参考答案等教学资源,供教师教学使用。

本书既可作为高等职业教育财务会计类专业学生用书,又可作为社会相关人员培训用书。

图书在版编目(CIP)数据

会计综合实训:附空白账表 / 丁增稳,曹方林主编. —3 版. —北京:高等教育出版社,2019.1(2019.7 重印)
ISBN 978-7-04-051202-1

Ⅰ.①会… Ⅱ.①丁… ②曹… Ⅲ.①会计学-高等职业教育-教材 Ⅳ.①F230

中国版本图书馆 CIP 数据核字(2019)第 009532 号

策划编辑 毕颖娟　责任编辑 钱力颖 毕颖娟　封面设计 张文豪　责任印制 高忠富

出版发行	高等教育出版社	网　址	http://www.hep.edu.cn
社　址	北京市西城区德外大街4号		http://www.hep.com.cn
邮政编码	100120		http://www.hep.com.cn/shanghai
印　刷	江苏德埔印务有限公司	网上订购	http://www.hepmall.com.cn
开　本	787mm×1092mm　1/16		http://www.hepmall.com
印　张	29		http://www.hepmall.cn
字　数	344 千字	版　次	2019 年 1 月第 3 版
			2013 年 8 月第 1 版
购书热线	010-58581118	印　次	2019 年 7 月第 2 次印刷
咨询电话	400-810-0598	定　价	49.80 元

本书如有缺页、倒页、脱页等质量问题,请到所购图书销售部门联系调换
版权所有　侵权必究
物　料　号　51202-A0

出版说明

当今,新一轮科技革命和产业升级,对现有的产业结构、生产方式和生活方式产生了深远的影响,也对高等职业教育提出了更高的要求和新的挑战。"十三五"时期是我国高等职业教育现代化建设的关键时期,加快发展现代高等职业教育已成为我国教育发展的重要战略。深化教学改革,提高教学质量,培养社会迫切需要的发展型、复合型和创新型的技术技能人才,促进高等职业教育健康持续发展,是高等职业教育工作者的历史使命。

课程和教材是高等职业教育教学改革的关键与核心,其开发和建设也伴随着我国经济发展进入了新的阶段。"十三五"期间,高等教育出版社组织来自全国高等职业院校的骨干教师、行业企业的教育培训专家和从事高等职业教育教学研究的专家,申报、立项了一批中国职业技术教育学会教学工作委员会、教材工作委员会有关高等职业教育课程改革和教材建设的研究课题。这些课题研究成果体现了高等职业教育教学改革的新思想、新观念,有力地促进了高等职业教育教学改革的发展。在此基础上,高等教育出版社上海出版事业部组织编写、修订并出版了一批反映当前高等职业教育教学改革研究与实践成果的创新示范教材。教材的编写着重在以下几个方面进行了创新尝试。

精炼编写内容

教材内容紧扣立德树人的核心要求,把培养学生的职业道德、职业素养和创新创业能力融入教学内容和教学活动设计中,力图通过全局设计、过程贯通、细节安排提升职业教育课程教学的内涵,培养德智体美全面发展的社会主义事业接班人。

技术的快速发展、经济转型升级使职业教育的专业结构调整、课程内容更新更为常态化,编写满足培养行业、企业人才需要的职业教育新教材,也是本系列教材在创新示范方面的突出特色。

系列教材对部分重点课程还采用了"一纲多本"的编写形式,即同一课程编写多种版本,较好地解决了"通用性"和"个性化"的矛盾。教材内容编写遵守共同基础与多样选择相统一的原则,构建更加开放、更具弹性的课程教材体系,为教师选择和使用教材提供空间,以适应"分层教学"和"专业需求多元化"的现实。

丰富内容组织

高等职业教育课程内容的多样化特征决定了教材多样化的特点。本系列教材不拘于统一的内容组织形式,以满足课程教学需要、有助于职业人才的培养为核心,切实服务于任务引领、项目驱动等多种形式的职业教育课程改革。

本系列教材在内容组织和编写体例方面,根据课程性质、教材内容特点和教学的实际需要进行了多样化的尝试,避免了"章节体"一统天下的局面。教材在结构编排上,在每部分内容的开始有导学,构建学习情景,提出本部分内容的学习目标,在结束时用小结方式强调重点,最后用习题等形式帮助学生自我检查评价。在呈现形式上,体例新颖活泼、直观,用大量的插图表达,双色、彩色印刷使"重点""难点"醒目、鲜明。着重在"便教"与"利学"上努力创新,强化教材的使用功能。

服务教学设计

教学设计是教师以教育教学原理为依据,为了达到教学目标,根据学生认知特点,对教学过程、教学内容、教学组织形式、教学方法和使用的教学手段进行的策划。教学资源在服务教学设计中具有举足轻重的作用。应用现代教育技术的数字化教学资源,具有丰富的表现力,可以突破教学重点和难点;交互性强,可以充分发挥学生的主体作用;信息量大,更新方便,大大提高学习效率;可碎片化,易于二次开发,方便综合化利用和共享。本系列教材依托高等教育出版社已建设成熟的 MOOC、SPOC 平台,数字出版技术,以及二维码资源平台,统筹规划教学资源建设,为课程教学设计和创新教学方法提供有力的支撑。

教师是教学改革的主体。教学改革与教材建设只有得到教师的支持与参与,才有成功的可能。在教材和配套教学资源建设的同时,我们陆续组织了各种形式的教师培训、教学研讨活动,以帮助教师确立现代职业教育理念,促进教学质量与效率的提高,实现教学改革与教材建设的同步发展。

本系列创新示范教材的出版及其配套工作是一项持续进行、不断完善的工程,我们殷切希望能够得到广大教师的支持和积极参与,共同创新、示范,分享高等职业教育教学改革的成果与经验,为我国高等职业教育的发展做出应有的贡献。

高等教育出版社

编写委员会

（以姓氏笔画为序）

主任委员：

马元兴　　王　炜　　王宗江　　孔全会　　李占国
高建宁　　梁伟样　　程淮中　　谢国珍

副主任委员：

丁增稳　　马荣贵　　王生根　　王　钧　　王炳华
王　辉　　申屠新飞　孙自强　　杨剑钧　　李传双
李　曼　　张洪波　　陈风奎　　单祖明　　赵孝廉
胡孝东　　钭志斌　　宣国萍　　徐文杰　　翁玉良
喻　竹　　潘上永

委　员：

王　荃　　王顺金　　牛永芹　　田　宏　　吕永霞
回晓敏　　庄胡蝶　　刘兆军　　刘金星　　刘洪海
刘勇强　　刘　晖　　刘　蕾　　孙　义　　孙迎芬
孙　颖　　杨　欣　　杨晓华　　李冬梅　　李　志
李英红　　李　莎　　李爱红　　吴兴华　　吴智勇
吴　强　　宋鹤年　　张远录　　张　英　　张　萍
张清亮　　陆兴凤　　陈明然　　陈建松　　陈宣君
陈琛凝　　邵敬浩　　范世森　　林松池　　季光伟
季学芳　　周丽华　　周国安　　周　阅　　郑洋慧
赵秀荣　　赵宏强　　赵春宇　　赵　砚　　赵艳子
胡　云　　柯　霜　　施海丽　　费玄淑　　夏菊群
顾全根　　高克智　　唐荣林　　陶　文　　黄文存
崔　烨　　梁文涛　　韩　丹　　程　坚　　舒文和
靳　磊　　解媚霞　　廖建英　　戴桂荣　　魏世
魏亚芳　　魏　芳　　魏标文

第三版前言

根据教育部、财政部《关于实施国家示范性高等职业院校建设计划、加快高等职业教育改革与发展的意见》的要求，我们以财政部2006年以来颁布的企业会计基本准则和42项具体会计准则，以及我国税制改革等相关财经法规为依据，结合高等职业教育会计及相关专业标准中的会计综合实训课程标准，为全国高等职业院校会计及相关专业的学生专业综合模拟实训编写本书。

本书采用任务驱动式教学法，以制造业典型业务为主线，进行小组分工操作，从建立账簿开始，到填制和审核原始凭证与记账凭证、登记账簿、成本计算，一直到编制财务报表，形成一个完整的、系统的、综合的会计工作任务，着重强调会计主管、出纳、制单及成本核算之间的会计核算流程。此外，本书将会计电算化与手工会计核算融为一体，全面提升学生实际动手能力。本书与其他会计综合实训教材相比，具有明显的特点：

一、实用性

目前大多数综合实训教材讲解过多，实训内容太少。对一个接近毕业的学生来说，重复地叙述会计核算的基本要求会降低其探究知识的欲望。本书以制造业1个月的基本业务为主来介绍，内容丰富、题量大、文字说明少，更多的是锻炼学生的会计职业判断能力。

二、全面性

本书分为两部分。第一部分为手工核算，第二部分为信息化处理。两个部分浑然一体，全面提升学生会计核算能力和会计信息化处理能力。

三、唯一性

为了培养学生职业判断能力，提高学生独立处理业务的能力，本书对原材料采购和领用、职工薪酬的计算和分配、产品生产成本的计算等业务采取以"实训组号"进行计算填写，使每个小组的会计核算答案是唯一的。这对防范学生抄袭，培养学生独立完成岗位核算非常有益。

四、职业性

本书在撰写过程中，作者深入企业生产车间、财务咨询公司等单位进行调研，并聘请了芜湖市本源财务咨询服务有限公司汪兴龙先生和芜湖市恒义财务咨询有限公司叶智勇先生担任顾问，他们为本书提供了大量素材和业务资料。

本书由安徽商贸职业技术学院丁增稳和曹方林担任主编，天津商务职业学院王桂姿、重庆航天职业技术学院韩英锋和永州职业技术学院盘晓娟担任副主编。本书的出版得到了高等教育出版社、芜湖市本源财务咨询服务有限公司和芜湖市恒义财务咨询有限公司的大力帮助和支持，在此深表感谢。

由于作者水平有限，对实际工作研究不够全面，书中难免存在缺点和错误，在此，我们期待实训指导教师和参加实训的学生批评指正，以便不断修改和完善。

编　者
2019年7月

目 录

- 001 **任务一　熟悉企业概况**
- 003 **任务二　建立财务会计制度**
- 003 子任务一　建立流动资产管理制度
- 003 子任务二　建立固定资产管理制度
- 003 子任务三　建立产品成本核算制度
- 004 子任务四　建立税收申报及其他制度
- 005 **任务三　熟悉会计工作岗位及其分工**
- 005 子任务一　熟悉会计工作岗位
- 005 子任务二　会计工作岗位分工
- 007 **任务四　建账并登记账簿**
- 007 子任务一　建立总账并登记
- 009 子任务二　建立日记账并登记
- 010 子任务三　建立明细账并登记
- 016 **任务五　实训操作要求及指导**
- 018 **任务六　核算经济业务**
- 025 **任务七　实训单据填写和审核**
- 161 **任务八　编制会计报表**
- 167 **任务九　会计信息化部分**
- 183 **附录　会计模拟实训用空白凭证、账页及其他资料**

任务一　熟悉企业概况

一、企业名称

中信泰克机械有限公司。

二、企业性质

公司制民营企业。

三、纳税人

增值税一般纳税人,增值税税率为13%,企业所得税税率为25%。

四、注册资金

1 400万元。

五、主要产品

CK6163系列车床。

六、生产车间

企业设有三个基本生产车间：一车间是铸造车间；二车间是金工车间；三车间是装配车间。

企业设两个辅助生产车间：供汽车间和运输车间。供汽车间从事蒸汽生产,以满足企业内各部门对动力和采暖的需要；运输车间为基本生产车间、辅助生产车间、企业管理部门提供运输服务。

七、生产工艺流程

该企业为大量大批生产的多步骤生产,管理上要求分步骤计算产品成本。生产车床所用的生铁、铝锭、电机等都是外购的。生铁和铝锭由铸造车间(第一车间)加工成铁铸件和铝铸件,经验收合格后交自制半成品库验收；金工车间(第二车间)从自制半成品库领用铁铸件和铝铸件,经过车、铣、刨、磨等加工后直接交装配车间(第三车间)；装配车间将金工车间加工的各种部件及外购件装配成车床,经验收合格后交成品仓库保管。其生产工艺流程如图1-1所示：

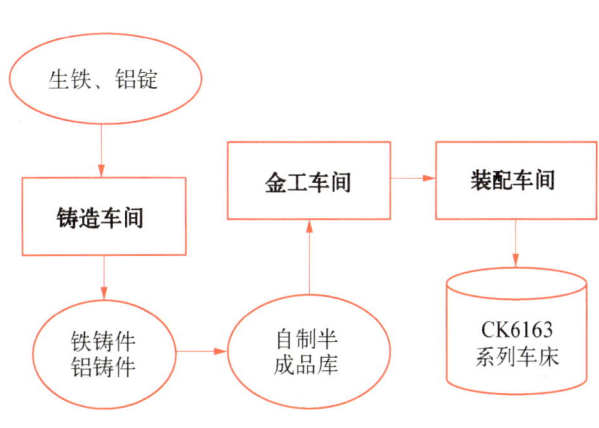

图1-1　CK6163系列车床生产工艺流程图

八、其他信息

(1) 企业地址：江城市黄山东路1258号。

(2) 开户银行：中国工商银行黄山路支行，账号134109024808825。

(3) 纳税人识别号：91340221510121597A。

(4) 企业法人代表：郝友顺。

(5) 财务经理：何伟忠。

(6) 管理及辅助部门：办公室、总务部、业务部、财务部、工会、医务所等。

任务二　建立财务会计制度

子任务一　建立流动资产管理制度

（1）库存现金限额为 8 000 元。

（2）坏账准备核算采用备抵法，按应收账款年末余额百分比法计提坏账准备，计提比例为 2‰。

（3）原料及主要材料、辅助材料采用计划成本计价。"原料及主要材料"包括生铁、铝锭和钢材；生铁的计划成本为 3 500 元/吨，铝锭的计划成本为 12 000 元/吨，钢材的计划成本为 5 000 元/吨。"辅助材料"包括润滑油和油漆；润滑油的计划成本为 100 元/千克，油漆的计划成本为 60 元/千克。对已付款且入库的材料计算计划成本，并同时结转材料成本差异，发出材料根据"材料耗用汇总表"在月末按材料成本差异率一次结转材料成本差异额。

（4）自制半成品、库存商品采用实际成本核算，发出自制半成品、库存商品的成本按月末一次加权平均法计算。

（5）外购件采用实际成本核算，并采用永续盘存制下的先进先出法计算发出材料的实际成本。

（6）周转材料采用实际成本核算，并采用永续盘存制下的先进先出法计算发出周转材料的实际成本。领用周转材料时，其成本的摊销采用五五摊销法。

子任务二　建立固定资产管理制度

（1）固定资产折旧采用年限平均法计算。

（2）固定资产分类折旧率为：产品生产用固定资产月折旧率为 2%，辅助生产用和非生产用固定资产月折旧率为 1%。

（3）固定资产运输费用直接计入当期损益。

（4）对于更新改造的固定资产所发生的支出，应区分费用化支出和资本化支出。符合资本化支出条件的应计入固定资产成本，不符合资本化支出条件的直接计入当期损益。

子任务三　建立产品成本核算制度

（1）确定成本核算方法。由于该厂产品生产为大量大批多步骤生产，且管理上要求分步骤计算产品成本，所以企业确定采用逐步结转分步法计算产品成本。

（2）确定产品成本项目。产品成本项目主要分为三个项目：直接材料、直接人工和制造费用。由于采用综合结转分步法，对于金工车间和装配车间各产品的"基本生产成本明细账"均增设"半成品"成本项目。对于各步骤耗用的电力费用均记入到成本明细账的"制造费用"项目，不再单独开设"燃料与动力"专栏。月末将完工产品的产品成本中的"半成品"成本项目还原为"直接材料""直接人工"和"制造费用"三个成本项目，以便进行成本分析。

（3）辅助生产成本明细账设置专栏五个专栏，即材料费、人工费、折旧费、水电费和其他费用。

(4) 辅助生产成本按直接分配法进行分配与核算。

(5) 制造费用按费用项目设置专栏：材料费、人工费、折旧费、水电费、运输费和其他费用。

(6) 制造费用按产品的生产工人工资比例进行分配。

(7) 各步骤期末在产品和半成品之间的生产费用分配方法采用约当产量比例法，各步骤产品所耗用的材料均在生产开始时一次投入，月末在产品其他项目完工率为50%。

子任务四　建立税收申报及其他制度

(1) 增值税。该企业属于增值税一般纳税人，纳税人识别号91340221510121597A。

(2) 2019年4月1日起，增值税的征税范围和税率如下：

① 销售货物、进口货物、提供加工运输修配劳务、有形动产的租赁等，适用增值税基本税率为13%。

② 交通运输业、基础电信服务、邮政服务、建筑服务、土地及不动产租赁等税率为9%。

③ 增值电信服务、金融服务、现代服务、销售无形资产（技术、商标、著作等）适用税率为6%。

④ 一般纳税人销售不动产，以及不动产经营租赁服务，可以选择简易计税方法计税，按5%征收率计算应纳税额。但一经选择，36个月内不得变更。

(3) 城市维护建设税。按本期应交增值税计算，适用税率为7%。

(4) 教育费附加。按本期应交增值税计算，适用税率为3%。

(5) 企业所得税。企业所得税税率为25%，采取按月预交、年终清算的方式。

(6) 企业采用科目汇总表账务处理程序，为简化核算每半个月汇总一次。

(7) 法定盈余公积提取比例为当年实现净利润的10%。

(8) 应付投资者利润按可供分配利润（年初未分配利润＋本年实现的净利润－提取的法定盈余公积）的50%分配。

任务三　熟悉会计工作岗位及其分工

子任务一　熟悉会计工作岗位

《中华人民共和国会计法》第三十六条规定:"各单位应当根据会计业务的需要,设置会计机构,或者在有关机构中设置会计人员并指定会计主管人员;不具备设置条件的,应当委托经批准设立从事会计代理记账业务的中介机构代理记账。"按照法律制度规定、单位规模大小以及业务繁简程度,大、中型企业和具有一定规模的行政事业单位,以及财务收支数额较大、会计业务较多的社会团体和其他经济组织,应当单独设置会计机构,以便及时组织本单位各项经济活动和财务收支的核算,实行有效的会计监督。对于不具备单独设置会计机构条件的单位,如财务收支数额不大、会计业务比较简单的企业、机关、团体、事业单位等,可以在有关机构中配备专职会计人员,也可依法委托中介机构代理记账。

会计工作岗位,是指一个单位会计机构内部根据业务分工而设置的职能岗位。在会计机构内部设置会计工作岗位,有利于明确分工和确定岗位职责,建立岗位责任制;有利于会计人员钻研业务,提高工作效率和质量;有利于会计工作的程序化和规范化,加强会计基础工作;还有利于强化会计管理职能,加强会计工作的作用;同时,也是配备数量适当的会计人员的客观依据之一。根据规定,会计工作岗位可以一人一岗、一人多岗或者一岗多人,但应遵守职务不相容原则,例如,出纳人员不得兼管稽核、会计档案保管和收入、费用、债权债务账目的登记工作。

子任务二　会计工作岗位分工

中信泰克机械有限公司目前配备了4名会计人员,按照会计工作岗位设置的要求,分设出纳、成本会计、制单会计、会计主管4个岗位,其岗位任务如下:

一、会计主管岗位

(1) 制定公司内部控制制度。
(2) 组织公司的日常核算,对公司发生的各项经济业务进行审核。
(3) 审核记账凭证。
(4) 登记总分类账。
(5) 编制财务预算,编制财务报表及财务分析。
(6) 保管财务专用章,负责会计档案的整理和管理。

二、制单会计岗位

(1) 编制除涉及库存现金、银行存款业务以外的记账凭证。
(2) 财产清查、往来款管理等会计管理工作。
(3) 登记除成本以外各种明细账。
(4) 处理期末账项。
(5) 编制科目汇总表。

三、成本会计岗位

(1) 原材料的收、发、存明细分类核算。

(2) 库存商品的收、发、存明细分类核算。

(3) 材料成本差异的明细分类核算。

(4) 周转材料的明细分类核算。

(5) 制造费用、辅助生产成本的归集和分配核算。

(6) 基本生产成本明细账的归集和分配核算。

(7) 成本计算和成本分析。

四、出纳岗位

(1) 现金收付和银行结算业务。

(2) 登记库存现金日记账和银行存款日记账的登记。

(3) 发放工资。

(4) 编制涉及库存现金和银行存款业务的记账凭证。

(5) 固定资产的核算。

(6) 会计档案的整理和装订。

任务四　建账并登记账簿

子任务一　建立总账并登记

一、建立资产(含成本)、负债和所有者权益类账户总账账户体系

中信泰克机械有限公司 2019 年 12 月月初总账账户的期初余额如表 4-1 所示，学生应根据其给出的期初余额，开设总分类账户。

表 4-1　12 月月初总账账户余额表

会 计 科 目	借　方	贷　方
库存现金	7 434.80	
银行存款	4 098 627.89	
其他货币资金	535 344.00	
交易性金融资产	255 000.00	
应收票据	365 000.00	
应收账款	1 205 100.00	
其他应收款	3 000.00	
坏账准备		14 600.00
材料采购	0.00	
原材料	709 426.66	
周转材料	17 550.00	
材料成本差异	17 768.51	
自制半成品	375 278.16	
库存商品	2 706 330.37	
存货跌价准备		
长期待摊费用	22 000.00	
长期股权投资	500 000.00	
固定资产	14 508 440.00	
固定资产清理		
累计折旧		3 558 475.70
无形资产	128 205.13	
累计摊销		5 341.90
在建工程		

续 表

会 计 科 目	借 方	贷 方
待处理财产损溢		
短期借款		1 304 200.00
应付票据		377 868.00
应付账款		69 400.00
应付职工薪酬		201 038.81
应付股利		
应付利息		26 125.20
应交税费		328 967.02
其他应付款		
长期借款		3 000 000.00
实收资本		14 000 000.00
资本公积		460 000.00
盈余公积		167 100.00
本年利润		2 412 279.94
利润分配		563 000.00
基本生产成本	1 033 891.05	
辅助生产成本		
制造费用		
主营业务收入		
主营业务成本		
税金及附加		
其他业务收入		
其他业务成本		
销售费用		
管理费用		
财务费用		
投资收益		
营业外收入		
营业外支出		
所得税费用		
资产减值损失		
公允价值变动损益		
合 计	26 488 396.57	26 488 396.57

二、建立损益类总账账户体系

按照账结法,损益类账户均没有期初余额。但是企业在编制利润表和清算所得税时,必须利用本年损益类账户的累计发生额。因此,学生在开设损益类账户时,必须先填入企业1—11月份的损益类账户累计发生额数据,以便在年末计算所得税。

中信泰克机械有限公司2019年1—11月份的损益类账户累计发生额的资料如表4-2所示。

表4-2 损益类账户1—11月份累计发生数

项 目	1—11月累计发生数	
	借 方	贷 方
主营业务收入		34 682 000.00
主营业务成本	25 277 096.18	
税金及附加	308 870.86	
其他业务收入		1 111.11
其他业务成本		
销售费用	1 931 150.00	
管理费用	4 645 716.78	
财务费用	113 719.57	
投资收益		48 000.00
营业外收入		24 000.00
营业外支出	66 277.78	
所得税费用		
合 计	32 342 831.17	34 755 111.11

子任务二 建立日记账并登记

一、库存现金日记账

库存现金日记账是用来逐日逐笔登记库存现金的收入、付出及结余情况的特种日记账手工条件下必须采用订本式账簿。其账页格式一般采用三栏式,如表4-3所示。

表4-3 库存现金日记账

2019年		凭证		摘 要	对方科目	借 方	贷 方	余 额
月	日	字	号					
12	1			月初结存				7 434.80

二、银行存款日记账

银行存款日记账是用来逐日反映银行存款的增减变化和结余情况的特种日记账。通过银行存款日记账的设置和登记,可以加强对银行存款的日常监督和管理,并便于与开户银行进行核对。银行存款日记账应按企业在银行开立的账户和币种分别设置,每个银行存款账户设置一本银行存款日记账。银行存款日记账的格式一般采用三栏式,如表4-4所示。

表4-4 银行存款日记账

2019年		凭证字号	摘要	结算凭证		借方	贷方	余额
月	日			种类	号数			
12	1		月初结存					4 093 285.97

子任务三 建立明细账并登记

一、数量金额式明细账

数量金额式明细账格式适用于既需要反映金额,又需要反映数量的资产项目,如原材料、自制半成品、库存商品等财产物资的明细分类核算。

(1) 原材料明细账(按计划成本核算)资料如表4-5所示。

表4-5 "原材料"明细账(按计划成本核算)

二级科目	明细科目	计量单位	数 量	计划单价	金 额
原料及主要材料	生 铁	吨	63	3 500	220 500.00
	铝 锭	吨	26.20	12 000	314 400.00
	钢 材	吨	10	5 000	50 000.00
辅助材料	润滑油	千克	100	100	10 000.00
	油 漆	千克	250	60	15 000.00
合 计					609 900.00

(2) 材料成本差异明细账资料如表4-6所示。

表4-6 "材料成本差异"明细账(按计划成本核算)

明细科目	计划成本	差异金额	差异率
原料及主要材料类	584 900.00	16 917.41	2.89%
辅助材料类	25 000.00	851.10	3.40%
合 计	609 900.00	17 768.51	—

(3) 原材料明细账(按实际成本核算)资料如表4-7所示。

表4-7 "原材料"明细账(按实际成本核算)

二级科目	明细科目	计量单位	数量	实际单价	金额
外购件	电动机A型	台	5	1 980	9 900.00
	电动机B型	台	6	2 800	16 800.00
	轴承A型	套	10	1 450	14 500.00
	轴承B型	套	2	2 000	4 000.00
		套	6	1 900	11 400.00
	电器子件	套	10	1 596.666	15 966.66
	标准件	套	3	1 600	4 800.00
			12	1 580	18 960.00
	木箱	只	10	320	3 200.00
合计					99 526.66

(4) 周转材料明细账(按实际成本核算)资料如表4-8所示。

表4-8 "周转材料——在库"明细账(按实际成本核算)

明细科目	计量单位	数量	实际单价	金额
办公桌	张	8	400	3 200.00
工作服	套	5	380	1 900.00
电磨具	台	2	1 500	3 000.00
合计				8 100.00

(5) 自制半成品明细账(按实际成本核算)资料如表4-9所示。

表4-9 "自制半成品"明细账(按实际成本核算)

明细科目	计量单位	数量	实际单价	金额
铁铸件	件	24	7 144.54	171 468.96
铝铸件	件	42	4 852.60	203 809.20
合计				375 278.16

(6) 库存商品明细账(按实际成本核算)资料如表4-10、表4-11所示。

表4-10 "库存商品"明细账(按实际成本核算)

明细科目	计量单位	数量	实际单价	金额
CK6163A机床	台	29	36 077.78	1 046 255.62
CK6163B机床	台	27	61 484.25	1 660 074.75
合计				2 706 330.37

表 4-11 "库存商品"明细账(按成本项目反映)

明细科目	自制半成品	直接材料	直接人工	制造费用	实际单价
CK6163A 机床	23 647.42	8 592.27	1 655.77	2 182.32	36 077.78
CK6163B 机床	46 683.25	8 314.53	3 022.64	3 463.83	61 484.25

二、三栏式明细账

三栏式明细账格式与总账格式相同。它主要适用于只要求反映金额的经济业务,如应收票据、应收账款、应付账款、其他应付款等结算业务的明细分类核算。该公司12月月初各有关明细账户余额如表4-12所示。

表 4-12 三栏式明细账户余额表

总账账户	明 细 账 户	借　　方	贷　　方
其他货币资金		535 344.00	
	外埠存款	455 000.00	
	存出投资款	80 344.00	
交易性金融资产		255 000.00	
	成本	225 000.00	
	公允价值变动	30 000.00	
应收票据		365 000.00	
	新新机械厂	145 000.00	
	江城机电贸易公司	220 000.00	
应收账款		1 205 100.00	
	南华电机公司	997 100.00	
	苏北电器股份公司	78 000.00	
	常州电机有限公司	130 000.00	
周转材料		9 450.00	
	摊销		7 450.00
	在用——办公桌	9 000.00	
	在用——办公椅	3 000.00	
	在用——工作服	1 900.00	
	在用——电磨具	3 000.00	
长期股权投资		500 000.00	
	成本	550 000.00	
	损益调整		50 000.00

续 表

总账账户	明细账户	借 方	贷 方
	其他权益变动		0
应付账款			69 400.00
	江城市自来水公司		26 000.00
	江城市供电总公司		43 400.00
应付票据			377 868.00
	江城钢铁厂		167 800.00
	铜城有色金属公司		210 068.00
应付职工薪酬			201 038.81
	工资		
	职工福利费		
	社会保险费		140 000.00
	工会经费		
	职工教育经费		61 038.81
	非货币性福利		
应交税费			328 967.02
	应交增值税		
	未交增值税		488 708.56
	应交企业所得税	212 000.00	
	应交个人所得税		3 387.60
	应交城市维护建设税		34 209.60
	应交教育费附加		14 661.26
利润分配			563 000
	提取法定盈余公积		
	应付股利		
	未分配利润		563 000

三、多栏式明细账

本实训主要练习借方多栏式明细分类账的设置与登记,如"基本生产成本明细账""辅助生产成本明细账""制造费用明细账"和"管理费用明细账"。

(1)基本生产成本明细账。账页的格式及有关期初余额如表4-13、表4-14、表4-15和表4-16所示。

表4-13 基本生产成本明细账

车间名称：金工车间　　　在产品数量：实训号+2件　　　产品名称：CK6163A 半成品

2019年		凭证字号	摘要	成本项目			合计
月	日			半成品	直接人工	制造费用	
12	1		月初在产品成本	99 408.96	34 760.00	16 477.60	150 646.56

表4-14 基本生产成本明细账

车间名称：金工车间　　　在产品数量：实训号+3件　　　产品名称：CK6163B 半成品

2019年		凭证字号	摘要	成本项目			合计
月	日			半成品	直接人工	制造费用	
12	1		月初在产品成本	226 758.84	38 902.30	20 817.79	286 478.93

表4-15 基本生产成本明细账

车间名称：装配车间　　　在产品数量：实训号　　　产品名称：CK6163A 机床

2019年		凭证字号	摘要	成本项目				合计
月	日			半成品	直接材料	直接人工	制造费用	
12	1		月初在产品成本	145 249.12	52 776.07	5 085.00	6 702.28	209 812.47

表4-16 基本生产成本明细账

车间名称：装配车间　　　在产品数量：实训号+1件　　　产品名称：CK6163B 机床

2019年		凭证字号	摘要	成本项目				合计
月	日			半成品	直接材料	直接人工	制造费用	
12	1		月初在产品成本	310 163.40	55 241.62	10 041.20	11 506.87	386 953.09

（2）辅助生产成本明细账。辅助生产成本明细账分运输车间和供汽车间。账页格式如表4-17所示。

表4-17 辅助生产成本明细账

车间名称：

2019年		凭证字号	摘要	费用项目					合计
月	日			材料费	人工费	折旧费	水电费	其他费	

（3）制造费用明细账。制造费用明细账分铸造车间、金工车间和装配车间。账页格式如表4-18所示。

表4-18 制造费用明细账

车间名称：

2019年		凭证字号	摘要	费用项目					合计
月	日			材料费	人工费	折旧费	水电费	其他费	

（4）管理费用明细账。管理费用明细账按费用名称设置多栏式账页，一般包括材料费、人工费、折旧费、业务招待费、保险费、水电费、运输费、报刊杂志费及其他费用等。账页格式如表4-19所示。

表 4-19　管理费用明细账

车间名称：

2019年		凭证字号	摘要	费用项目						合计
月	日			材料费	人工费	折旧费	…	…	…	

四、材料成本差异明细账

材料成本差异明细账是一种特种多栏式明细账。由于材料成本差异的计算涉及材料的计划成本、借方成本差异和贷方成本差异，因此，它的账页格式目前尚不统一。表4-20及附表是材料成本差异明细账的一种常见格式。学生应根据以下账页开设材料成本差异明细账。

表 4-20　材料成本差异明细账

材料类别：

年		凭证字号	摘要	本月收入		差异率	本月发出		本月结存		
月	日			计划成本	成本差异		计划成本	贷方差异	计划成本	借方差异	贷方差异

任务五　实训操作要求及指导

一、实训操作要求

（1）建账。
（2）根据会计业务发生的先后顺序，逐日逐笔编制记账凭证。
（3）根据记账凭证登记日记账、成本费用明细账、存货明细账及往来明细账。
（4）根据成本核算要求，分配填制各种分配表和成本计算表，并进行账务处理。
（5）按照企业内部会计制度的要求，每半月汇总一次，编制科目汇总表。
（6）根据科目汇总表登记总分类账户。
（7）对账，达到账账相符。
（8）会计工作轮岗，办理会计交接手续。

二、模拟实训准备的物品清单

具体的物品清单内容如表5-1所示。

表5-1　物品清单

物品名称	单位	数量	备注
通用记账凭证	张	300	每组使用
总账	本	1	每组使用
现金日记账账页	张	4	
银行存款日记账账页	张	5	
三栏式账页	张	50	材料采购、往来明细账等
多栏式账页	张	20	生产成本、制造费用、管理费用、销售费用等账户
数量金额式账页	张	20	原材料、周转材料、库存商品等账户
活页账簿封面、封底	张	4	封底、封面各2张
科目汇总表	张	10	
会计凭证封底	张	5	
会计凭证封面	张	5	
资产负债表	张	4	
利润表	张	4	
账绳	米	1	
装订针	根	1	
回形针	盒	1	小盒
大铁夹	个	2	
其他用品：会计科目章、印台、印章、胶水、小剪刀、铅笔、装订机等其他物品。			

三、实训教学的课时安排

会计课程实训安排的情况如表 5-2 所示。

表 5-2　会计课程实训安排表

序号	实 验 内 容	课时数	天数
1	实验动员、发放实验用凭证、账页及有关资料,说明实训要求与考核办法	2	0.5
2	了解实训企业基本情况,全面熟悉和掌握企业生产的工艺流程与生产特点、会计核算流程等	1	
3	建账:开设总账账户、日记账、明细账户,并登记期初余额	3	0.5
4	填制 12 月 1—15 日的原始凭证和记账凭证,并登记日记账、明细账户;编制 1—15 日的科目汇总表,并登记总账;装订记账凭证	9	1.5
5	填制 12 月 16—31 日的原始凭证和记账凭证,并登记日记账、明细账户;编制 1—16 日的科目汇总表,并登记总账;装订记账凭证	12	2
6	对账;编制资产负债表、利润表;办理结账工作	3	0.5
7	会计初始化	6	1
8	完成 12 月 1—15 日的会计业务处理	9	1.5
9	完成 12 月 16—31 日的会计业务处理	12	2
10	撰写实训报告,上交实训资料,总结评价	3	0.5
	合　　　计	60	10

注:每天按 6 学时计算,实训 2 周,共计 10 天,60 学时。

四、实训指导中应特别注意的问题

为了全面考查学生会计核算能力和会计职业判断能力,增强知识的趣味性和数字的规律性,保证各小组分岗位综合模拟实训的答案唯一,防止学生相互抄袭实训答案,本实训教材在材料购进、商品销售、领用材料、发放职工薪酬、分配职工薪酬等会计核算主要环节都采用"实训组号"来决定收入、发出、分配的数量,"实训组号"是在班级学生进行分组的基础上计算得出的,其计算公式为:实训组号＝小组编号＋5。例如,某实训小组的编号为 4,那么该小组的"实训组号"为"9"(4＋5),以"9"来作为该组实训计算购进、销售、领料、发放工资的标准。

指导教师首先需要按照学生的成绩及性别结构合理分组,对分组后实训资料要严格按照"实训号"来组织会计核算,并及时检查学生实训资料的完整性和真实性。由于实训号是递增数列,相关核算资料的数据是有规律变化的,对"银行存款""原材料""应交税费""本年利润""生产成本""主营业务成本""管理费用"等会计科目以及"自制半成品单位成本""原材料发出单价""库存商品发出单价"等会计数据进行分组核对和比较,借此判断学生的会计数据是否正确。

任务六 核算经济业务

中信泰克机械有限公司2019年12月份发生的业务如下(按日连续编号)。

12月1日：

（1）接银行通知，收到退回的外埠存款840元。

（2）收到南华电机公司货款997 100元，存入银行。

（3）以银行存款归还短期借款1 000 000元。

（4）向铜城有色金属公司购入铝锭一批，数量＝实训组号×0.5吨，不含税单价为11 600元/吨，对方垫付运输费1 635元(含税)。铜城有色金属公司提出的付款条件是2/10，1/20，n/30。材料验收无误。

12月2日：

（5）收回常州电机有限公司价款130 000元，存入银行。

（6）以库存现金支付业务招待费1 820元。

（7）向江城钢铁厂购入生铁一批，数量＝实训组号×0.5吨，不含税单价为3 400元/吨，价款及税款签发转账支票支付。另以现金支付运输费436元，材料已验收入库。

（8）收到铜城有色金属公司托收的商业汇票款116 000元付款通知，经审核同意支付。

12月3日：

（9）运输车间报销购买维修工具价税合计1 412.50元，经审核以现金支付。

（10）销售给新龙电器股份有限公司CK6163A机床15台，每台不含税售价5.2万元，销售CK6163B机床13台，每台不含税售价10万元，商品已发出，价税款收到存入银行。

（11）以现金支票支付后勤部职工张华家庭困难补助4 000元。

（12）铸造车间领用生铁(按实训组号领用，即：生铁耗用量＝实训组号×2.2吨)。

12月6日：

（13）铸造车间领用铝锭生产铝铸件(按实训组号领用，即：铝锭耗用量＝实训组号×0.4吨)。

（14）签发现金支票，提取备用金5 000元。

（15）供汽车间领用工作服5套。按制度规定，采用五五摊销法。

（16）本月领用10月库存办公桌8张，其中行政部门领用办公桌5张，供汽车间、运输车间和销售部门各领用1张。按制度规定，采用五五摊销法。

12月7日：

（17）以现金2 373元购买办公用品，并分发各有关部门。

（18）与浙江重型机床厂签订投资协议，用本企业的产品作为投资。发出CK6163A机床4台，每台公允价值5.5万元，CK6163B机床4台，每台公允价值9.5万元，商品发出，已办妥投资手续。投资协议规定，企业拥有对方5%的股权，企业将其指定为以公允价值计量且其变动计入其他综合收益的非交易性权益工具投资。发出商品采用月初库存商品单位成本计算。

(19) 向江城电机厂购买电动机 A 型,数量＝实训组号×2,不含税单价为 1 850 元/台,价税款签发转账支票支付。

(20) 以银行存款 240 000 元购买一项专利技术。该专利技术可使用 10 年,假定无残值。

12月8日:

(21) 公司办公室小汽车驾驶员购买 93 号汽油 700 升,每升不含税价格 6.5 元,经审核予以转账(电子支付凭证)。

(22) 接银行通知,以银行存款支付上月电话费 3 379 元。

(23) 收到银行转来的自来水公司付款通知金额 19 620 元,经审核予以支付。

12月9日:

(24) 收到银行转来的电费付款通知,金额 39 550 元,经审核予以支付。

(25) 运输车间购买维修工具 1 356 元,以现金支付。

(26) 销售给太原机电公司 CK6163A 机床 5 台,每台不含税价 5 万元,销售 CK6163B 机床 6 台,每台不含税价 9 万元,价税款收到存入银行。

12月10日:

(27) 根据工资汇总表,发放工资(计算方法如表 6-1 所示)。

表 6-1　12 月份公司基本工作计算表

一级科目	明细科目	基本工资计算依据
基本生产成本	铁铸件——人工	实训组号×5 600
基本生产成本	铝铸件——人工	实训组号×5 250
基本生产成本	CK6163A 半成品——人工	实训组号×6 250
基本生产成本	CK6164B 半成品——人工	实训组号×12 000
基本生产成本	CK6165A 机床——人工	实训组号×3 500
基本生产成本	CK6166B 机床——人工	实训组号×3 250
辅助生产成本	运输车间	实训组号×1 750
辅助生产成本	供汽车间	实训组号×2 100
制造费用	铸造车间	实训组号×1 225
制造费用	金工车间	实训组号×1 120
制造费用	装配车间	实训组号×1 050
管理费用	工资	实训组号×7 700
销售费用	工资	实训组号×4 000

(28) 分配工资费用。

(29) 计提社会保险费(16%)、住房公积金(10%)、工会经费(2%)和职工教育经费(8%)。

(30) 将工会经费拨付公司工会专用存款账户。

12月13日:

(31) 向铜城有色金属公司支付 12 月 1 日购入铝锭的货款(现金折扣不考虑增

值税)。

(32) 支付上月增值税、城市维护建设税、教育费附加、个人所得税等。

(33) 运输车间领用润滑油100千克,油漆150千克。

(34) 提取现金48 000元,备发取暖费,当日将取暖费全部下发到各部门。

12月14日:

(35) 购买油漆300千克,每千克65元;润滑油300千克,每千克110元,价税款共计59 325元以转账支票支付。

(36) 收回江城机电贸易公司价款220 000元,存入银行。

(37) 以转账支票支付广告费21 200元。

(38) 王慧副经理赴广州参加广州交易会,借支差旅费10 000元,以转账支票支付。

12月15日:

(39) 以银行存款支付印花税1 180元。

(40) 向上海鑫隆电器有限公司购买电子元件(数量=实训组号×4),不含税单价1 450元/件,价款及税款签发转账支票支付。另以现金支付运输费1 090元,材料已验收入库。

(41) 向三元贸易公司购买标准件(数量=实训组号×4)套、轴承A型和B型各(数量=实训组号×2)件,每件不含税价分别为1 550元、1 400元和1 800元,价款及税款签发商业承兑汇票支付。材料已验收入库。

(42) 签发现金支票,提取备用金5 000元。

12月16日:

(43) 以转账支票将代扣及提取的住房公积金支付给本市住房公积金管理中心。

(44) 以转账支票将代扣及提取的社会保险费上交本市社会保障局。

(45) 购买消防器材2 373元,经审核以现金支付。

(46) 收回2018年已转销天河电器公司的坏账5 800元,存入银行。

12月17日:

(47) 按照投资协议,朗能机械设备股份有限公司将投资226万元,占企业注册资本的12.5%。为此,企业增加注册资本200万元,注册资本为1 600万元。以银行存款支付印花税1 000元。

(48) 收到朗能机械设备股份有限公司投入数控车床2部,每部100万元,设备运到,已交付车间安装。

(49) 设备按照工程领用钢材1吨,同时按月初材料成本差异率计算结转材料成本差异。

(50) 以库存现金支付业务招待费5 149.97元。

12月20日:

(51) 以转账支票补贴职工食堂福利费24 000元。

(52) 出售上月购买A公司股票1万股,收到价款48 000元,成本45 000元,存入证券公司账户。

(53) 签发现金支票,提取备用金5 000元。

(54) 销售给江苏淮安电机公司CK6163A机床4台,每台4.5万元;销售CK6163B机床5台,每台9.8万元。产品发出,当日收到价款存入银行。

12月21日:

(55) 向南京电机股份有限公司购买电动机B型,数量=实训组号×2,不含税单价为

2 700 元/台。对方代垫运输费 1 090 元。价款及税款签发银行承兑汇票支付。

(56) 按面值 0.6‰支付银行承兑汇票手续费。

(57) 购买贺年卡等物品,以现金支付 900 元。

(58) 计提 12 月各项固定资产折旧。

12 月 22 日:

(59) 摊销专利技术价值 1 886.79 元及会计核算软件价值 1 068.38 元。

(60) 总经理一行看望退离休老同志,以现金支付慰问金 5 000 元。

(61) 销售机床一批给河南机械贸易公司,以转账支票支付代垫运费 3 000 元。

(62) 销售给河南机械贸易公司 CK6163A 机床 5 台,每台 4.2 万元;销售 CK6163B 机床 5 台,每台 9.6 万元。产品发出,当日办妥托收手续。

12 月 23 日:

(63) 收到银行活期存款利息 380 元。

(64) 签发现金支票,提取备用金 6 000 元。

(65) 应付数控车床安装费 13 560 元(含税),以现金支票支付。

(66) 数控车床已经安装完毕,交付第二车间使用。

12 月 24 日:

(67) 出售下脚料,收入现金 1 243 元。

(68) 以现金支付咨询费 5 300 元。

(69) 购买一批木箱(购买数=实训组号×4 个),每个不含税价为 320 元,价款及税款签发转账支票支付。材料到达并验收入库。

(70) 供汽车间报销购买燃煤价税合计 3 390 元,经审核同意报销以转账支票支付。燃煤已经交付供汽车间使用。

12 月 27 日:

(71) 经核查公司水表记录,分配本月应付自来水费用。

(72) 经核查本月应付电费,分配本月应付电费。

(73) 经测算,库存钢材可变现净值每吨价值为 4 000 元(提示:先采用钢材月末计划成本和月末材料成本差异率计算库存钢材的实际成本,然后确认资产减值损失)。

(74) 归集发出材料,计算并分配材料成本差异(结果保留到小数点后 2 位)。

12 月 28 日:

(75) 拨付公司工会召开元旦联谊晚会费用 10 000 元,以银行存款支付。

(76) 计提短期借款利息(借款余额×月利率 6‰)和长期借款利息(借款余额×月利率 7‰)。

(77) 归集辅助生产成本,采用直接分配法进行分配(分配率保留到小数点后 4 位)。

表 6-2 12 月份辅助生产车间提供劳务情况表

车间名称	受益部门或产品						合 计
	运输车间	供汽车间	一车间	二车间	三车间	管理部门	
运输车间(吨千米)		5 000	6 000	7 000	5 000	7 000	30 000
供汽车间(度)	2 000		2 500	2 500	1 000	2 000	10 000

(78) 归集第一车间的制造费用,采用生产工人工资比例法进行分配(分配率保留到小数点后 4 位)。

12 月 29 日:

(79) 归集第二车间的制造费用,采用生产工人工资比例法进行分配(分配率保留到小数点后 4 位)。

(80) 归集第三车间的制造费用,采用生产工人工资比例法进行分配(分配率保留到小数点后 4 位)。

(81) 本月铸造车间生产的产品全部完工,归集第一车间的基本生产成本,并办理自制半成品验收入库手续。

铁铸件完工产量＝实训组号×3

铝铸件完工产量＝实训组号×3

(82) 第三车间交来本月领料汇总表(注:采用先进先出法计算发出存货成本时,对于同时发出的一批货物如果因单价不同而导致成本不同的话,应计算发出总成本后在两种产品之间进行平均分配,发出单价保留到小数点后 2 位)。12 月份 CK6163A、CK6163B 产成品领料汇总表分别如表 6-3 和表 6-4 所示。

表 6-3　12 月份 CK6163A 产成品领料汇总表

名　称	电机 A	轴承 A	电子元件	标准件	木　箱
领用数量	实训组号×2 个	实训组号×2 个	实训组号×2 个	实训组号×2 个	实训组号×2 个

表 6-4　12 月份 CK6163B 产成品领料汇总表

名　称	电机 B	轴承 B	电子元件	标准件	木　箱
领用数量	实训组号×2 个	实训组号×2 个	实训组号×2 个	实训组号×2 个	实训组号×2 个

12 月 30 日:

(83) 本月第二车间领用自制半成品如下,计算发出半成品成本,并编制会计分录(发出单价保留到小数点后 2 位)。

CK6163A 半成品耗用量＝实训组号×1 个铁铸件＋实训组号×1 个铝铸件

CK6163B 半成品耗用量＝实训组号×2 个铁铸件＋实训组号×2 个铝铸件

(84) 归集第二车间的基本生产成本,采用在约当产量法计算在产品和完工产品成本(分配率保留到小数点后 4 位),并将完工产品直接移交给第三车间。12 月份第二车间产量记录如表 6-5 所示。

表 6-5　12 月份第二车间产量记录表

产品名称	本月投入	本月完工	月末在产品	完工程度
CK6163A 半成品	实训组号×1	实训组号×2	根据计算得出	50%
CK6163B 半成品	实训组号×1	实训组号×2	根据计算得出	50%

(85) 归集第三车间的基本生产成本,采用在约当产量法计算在产品和完工产品成本(分配率保留到小数点后 4 位)。12 月份第三车间产量记录如表 6-6 所示。

表 6-6　12 月份第三车间产量记录表

产 品 名 称	本月投入	本月完工	月末在产品	完工程度
CK6163A 产成品	实训组号×2	实训组号×3	根据计算得出	50%
CK6163B 产成品	实训组号×2	实训组号×3	根据计算得出	50%

(86) 根据库存商品明细账,计算并结转本月销售库存商品的销售成本(结果保留到小数点后 2 位)。

(87) 计算应交增值税,并办理增值税结转。

(88) 计算应交城市维护建设税和教育费附加。

12 月 31 日：

(89) 计提坏账准备。

(90) 向希望工程捐款 200 000 元,以银行存款支付。

(91) 出纳员盘点库存现金,发现一张 50 元假币,经批准列为管理费用。

(92) 摊销租入固定资产租赁费的长期待摊费用 2 000 元(摊销期限剩余 11 个月)。

(93) 结转收入类账户到"本年利润"账户。

(94) 结转成本费用类账户到"本年利润"账户。

(95) 采用应付税款法计算应交所得税,并编制计提应交所得税的会计分录(注：在计算企业应交所得税时应对全年实现的利润进行汇总,并考虑对业务招待费、资产减值损失,及向希望工程捐款的影响。已知本年业务招待费合计为 20 万元)。

(96) 结转"所得税费用"账户到"本年利润"账户。

(97) 计算并结转法定盈余公积。

(98) 计算并结转应付利润。

(99) 结转净利润到"利润分配——未分配利润"账户。

(100) 将本年分配的利润结转到"利润分配——未分配利润"账户。

任务七　实训单据填写和审核

1-1　中国工商银行 ICBC　进账单（收账通知）　3

2019 年 12 月 1 日

付款人	全称	中信泰克机械有限公司	收款人	全称	中信泰克机械有限公司
	账号	6222198231561812 41520		账号	134109024808825
	开户银行	交通银行淮安市武阳路支行		开户银行	中国工商银行黄山路支行

金额	人民币（大写）	捌佰肆拾元整	亿 千 百 十 万 千 百 十 元 角 分
			￥　　　　　　 8 4 0 0 0

票据种类		票据张数	
票据号码			

中国工商银行黄山路支行
2019年12月1日
收讫

收款人开户银行签章

复核　　　记账

此联是收款人开户银行交给收款人的收账通知

2-1　中国工商银行 ICBC　进账单（收账通知）　3

2019 年 12 月 1 日

付款人	全称	南华电机公司	收款人	全称	中信泰克机械有限公司
	账号	4563509070708097619		账号	134109024808825
	开户银行	中国银行北京西路支行		开户银行	中国工商银行黄山路支行

金额	人民币（大写）	玖拾玖万柒仟壹佰元整	亿 千 百 十 万 千 百 十 元 角 分
			￥　　　 9 9 7 1 0 0 0 0

票据种类	托收承付	票据张数	1
票据号码	34003875		

中国工商银行黄山路支行
2019年12月1日
收讫

收款人开户银行签章

复核　　　记账

此联是收款人开户银行交给收款人的收账通知

3-1

付款审批单

部门：_____　　　　　　　　　年　月　日

经手人		事　由		
项目名称	金　额	付款方式	备　注	附单据张
合　计		大写金额		
单位负责人审批	财务主管	部门领导	出　纳	

3-2

中国工商银行贷款还款凭证

2019 年 12 月 1 日

借款单位	中信泰克机械有限公司	贷款账号	98650032	结算账号	134109024808825										
还款金额（大写）	壹佰万元整				千	百	十	万	千	百	十	元	角	分	
				¥	1	0	0	0	0	0	0	0	0	0	
贷款种类	流动资金借款			借出日期				约定还款日期							
				2019 年 6 月 1 日				2019 年 12 月 1 日							
上列款项从本单位往来户如数支付								银行盖章							

（中国工商银行黄山路支行　2019年12月1日　转讫）

4-1

收　料　单（记账凭单）

材料类别：_____　　　　　　　年　月　日　　　　　　　收料仓库：_____

名称	规格	单位	数量		实际成本					计划成本		②财务
			应收	实收	单价	金额	运费	其他	合计	单位成本	金额	
合　计												

主管：　　　　　　　记账：　　　　　　　保管：　　　　　　　经办人：

4-2

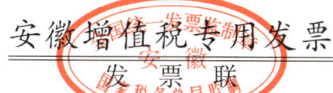

安徽增值税专用发票

发票联　　　　　开票日期：2019 年 12 月 01 日

购买方	名　　称：中信泰克机械有限公司 纳税人识别号：91340221510121597A 地址、电话：江城市黄山东路 1258 号 开户行及账号：中国工商银行黄山路支行 　　　　　　　134109024808825	密码区	略

货物或应税劳务、服务名称	规格型号	单位	数量	单价	金　额	税率	税额
合　　　计							

价税合计（大写）	⊗	（小写）

销售方	名　　称：铜城有色金属公司 纳税人识别号：9134060567492330460 地址、电话：安徽省铜城市幸福路 11 号 开户行及账号：中国工商银行天河支行 　　　　　　　9558865700137648909	备注	（铜城有色金属公司 9134060567492330460 发票专用章）

收款人：　　　　复核：　　　　开票人：程　志　　　　销售方：（章）

- - - - - ✂ - ✂ - - - - -

4-3

安徽增值税专用发票　　　　　No 005754478

发票联　　　　　开票日期：2019 年 12 月 01 日

购买方	名　　称：中信泰克机械有限公司 纳税人识别号：91340221510121597A 地址、电话：江城市黄山东路 1258 号 开户行及账号：工商银行黄山路支行 　　　　　　　134109024808825	密码区	略

货物或应税劳务、服务名称	规格型号	单位	数量	单价	金　额	税率	税额
运输费					1 500.00	9%	135.00
合　　　计					￥1 500.00		￥135.00

价税合计（大写）	⊗壹仟陆佰叁拾伍元整	（小写）￥1 635.00

销售方	名　　称：江城顺风运输有限公司 纳税人识别号：91340202167323155E 地址、电话：江城市广州路 1258 号 开户行及账号：交行广州路支行 　　　　　　　128048099152310802	备注	（江城顺风运输有限公司 91340202167323155E 发票专用章）

收款人：　　　　复核：　　　　开票人：花瑞君　　　　销售方：（章）

5-1

中国工商银行 进账单(收账通知) 3

2019 年 12 月 2 日

付款人	全 称	常州电机有限公司	收款人	全 称	中信泰克机械有限公司
	账 号	4563500100137256589		账 号	中国工商银行黄山路支行
	开户银行	中国银行常州市吴中区支行		开户银行	134109024808825

金额	人民币(大写)	壹拾叁万元整	亿 千 百 十 万 千 百 十 元 角 分
			¥ 1 3 0 0 0 0 0 0

票据种类	银行汇票	票据张数	1
票据号码	58003836		

中国工商银行黄山路支行
2019年12月2日
收讫

复核　　记账　　　　　　　　　　收款人开户银行签章

此联是收款人开户银行交给收款人的收账通知

6-1

付款审批单

部门：＿＿＿＿＿＿＿　　　　　　年　月　日

经手人		事由	
项目名称	金　额	付款方式	备　注
合　计		大写金额	
单位负责人审批	财务主管	部门领导	出　纳

附单据　　张

6-2

安徽增值税普通发票

No 01267912

开票日期：2019 年 12 月 02 日

购买方	名　称： 中信泰克机械有限公司 纳税人识别号： 91340221510121597A 地　址、电　话： 江城市黄山东路 1258 号 开户行及账号： 工商银行黄山路支行 134109024808825	密码区	略

货物或应税劳务、服务名称	规格型号	单位	数量	单价	金　额	税率	税　额
餐费					1 766.99	3%	53.01
合计					¥ 1 766.99		¥ 53.01

价税合计(大写)	⊗壹仟捌佰贰拾元整	(小写) ¥1 820.00

销售方	名　称： 江城市江南渔翁大酒店 纳税人识别号： 91340221502013168F 地　址、电　话： 江城市利民路商业街 168 号 0553-5917777 开户行及账号： 工行利民路支行 483056922131328	备注	江城市江南渔翁大酒店 91340221502013168F 发票专用章

收款人： 梁琦　　　复核： 魏华敏　　　开票人： 梁琦　　　销售方：(章)

第二联 发票联 购买方记账凭证

7-1 付款审批单

部门：_____   年 月 日

经手人		事　由		
项目名称	金　额	付款方式	备　注	附单据张
合　计		大写金额		
单位负责人审批	财务主管	部门领导	出　纳	

7-2 收料单（记账凭单）

材料类别：　　　　　　　　年 月 日　　　　　　　　收料仓库：

名称	规格	单位	数量		实际成本					计划成本	
			应收	实收	单价	金额	运费	其他	合计	单位成本	金额
合　计											

主管：　　　　　　记账：　　　　　　保管：　　　　　　经办人：

②财务

7-3 安徽增值税专用发票

发票联　　　　　　　　　　开票日期：2019 年 12 月 02 日

购买方	名　称： 中信泰克机械有限公司				密码区	略		
	纳税人识别号：91340221510121597A							
	地　址、电话：江城市黄山东路1258号							
	开户行及账号：中国工商银行黄山路支行 1341090 24808825							
货物或应税劳务、服务名称	规格型号	单位	数量	单价	金额		税率	税额
合　计								
价税合计（大写）	⊗					（小写）		
销售方	名　称： 江城钢铁厂				备注	江城钢铁厂 91340206885545222M 发票专用章		
	纳税人识别号：91340206885545222M							
	地　址、电话：江城市弋江区长江路8号							
	开户行及账号：安徽中行长江路支行 4563510100888655320							

收款人：　　　　　复核：　　　　　开票人：王成功　　　　　销售方：（章）

第三联 发票联 购买方记账凭证

7-4

安徽增值税专用发票

No 005754483

发 票 联　　开票日期：2019 年 12 月 02 日

购买方	名　　　　称：中信泰克机械有限公司 纳税人识别号：91340221510121597A 地　址、电　话：江城市黄山东路 1258 号 开户行及账号：工商银行黄山路支行 134109024808825	密码区	略		
货物或应税劳务、服务名称	规格型号	单位	数量	单价	金　额	税率	税　额
运输费					400.00	9%	36.00
合　　计					￥400.00		￥36.00
价税合计（大写）	⊗肆佰叁拾陆整			（小写）	￥436.00		
销售方	名　　　　称：江城顺风运输有限公司 纳税人识别号：91340202167323155E 地　址、电　话：江城市广州路 1258 号 开户行及账号：交行广州路支行 128048099152310802	备注	江城顺风运输有限公司 91340202167323155E 发票专用章		

收款人：　　　　　复核：　　　　　开票人：花瑞君　　　　　销售方：（章）

第三联　发票联　购买方记账凭证

7-5

ICBC 中国工商银行
转账支票存根
0 2 3 9 0 0 3 1

附加信息_____
_____
_____

出票日期		年　　月　　日
收款人：		
金　额：		
用　途：		

单位主管　　　　　　　　　　会计

8-1

付款审批单

部门：_____　　　　　年　月　日

经手人		事　　由		附单据张
项目名称	金　额	付款方式	备　注	
合　　计		大写金额		
单位负责人审批	财务主管	部门领导	出　　纳	

托收凭证（付款通知） 5

8-2

委托日期 **2019** 年 **12** 月 **2** 日　　付款期限　　年　月　日

业务类型	委托收款（□邮划、☑电划）　托收承付（□邮划、□电划）			
付款人	全　称	中信泰克机械有限公司	收款人 全　称	铜城有色金属公司
	账　号	9558865700137648909	账　号	4563510100845789562
	地　址	省 江城 市/县　开户行 工商银行黄山路支行	地　址	省 铜陵 市/县　开户行 中国工商银行天河支行
金额	人民币（大写）	壹拾壹万陆仟元整	亿千百十万千百十元角分	￥1 1 6 0 0 0 0 0
款项内容	货款	托收凭据名称	商业汇票	附寄单证张数 1
商品发运情况		合同名称号码		

备注：

付款人开户银行收到日期　年　月　日
复核　　记账

付款人开户银行签章
2019 年 12 月 2 日

中国工商银行黄山路支行
2019年12月2日
转讫

付款人注意：1. 根据支付人结算办法，上列委托收款（托收承付）款项在付款期限内未提出拒付，即视为同意付款，以此代付款通知。2. 如需提出全部或部分拒付，应在规定期限内，将拒付理由书并附债务证明退交开户银行。

此联是付款人开户银行给付款人按期付款的通知

付款审批单

9-1

部门：_____　　　年　月　日

经手人		事　由		
项目名称	金　额	付款方式	备　注	附单据
合　计		大写金额		张
单位负责人审批	财务主管	部门领导	出　纳	

安徽增值税专用发票

9-2

发票联　　　　开票日期：2019 年 12 月 03 日

购买方	名　称：中信泰克机械有限公司 纳税人识别号：9134021510121597A 地址、电话：江城市黄山东路1258号 开户行及账号：中国工商银行黄山路支行134109024808825	密码区	略

货物或应税劳务、服务名称	规格型号	单位	数量	单价	金额	税率	税额
工具					1 250.00	13%	162.50
合　计					1250.00		162.50

价税合计（大写）	⊗壹仟肆佰壹拾贰元伍角整	（小写）￥1 412.50

销售方	名　称：安徽红光公司 纳税人识别号：91340202543124521Q 地址、电话：芜湖市弋江区399号 开户行及账号：中国工商银行弋江区支行6442151245794512	备注	安徽红光公司 91340202543124521Q 发票专用章

收款人：　　　复核：　　　开票人：魏为　　　销售方：（章）

10-1

安徽增值税专用发票

此联不作报销 抵扣税凭证使用　　开票日期：2019 年 12 月 03 日

购买方	名　　　　称：	新龙电器股份有限公司					密码区			
	纳税人识别号：	91310454424542345N								
	地　址、电　话：	上海嘉定区嘉新公路 19 号						略		
	开户行及账号：	中国工商银行上海嘉定支行 9558872390137252471								

货物或应税劳务、服务名称	规格型号	单位	数量	单价	金额	税率	税额
机床 A	CK6163	台	15	52 000.00	780 000.00	13%	101 400.00
机床 B	CK6163	台	13	100 000.00	1 300 000.00	13%	169 000.00
合　　计					¥ 2 080 000.00		¥ 270 400.00
价税合计（大写）	⊗贰佰叁拾伍万零肆佰元整				（小写）¥ 2 350 400.00		

销售方	名　　　　称：	中信泰克机械有限公司	备注
	纳税人识别号：	91340221510121597A	
	地　址、电　话：	江城市黄山东路 1258 号	
	开户行及账号：	中国工商银行黄山路支行 134109024808825	

收款人：　　　　　复核：　　　　　开票人：许志　　　　销售方：（章）

10-2

产品出库单

仓库：　　　　　　　　　　　　年　月　日　　　　　　　　　　编号：

编号	名称	规格	单位	数　量		单价	金额
				应发	实发		
合　　计							

主管：　　　记账：　　　保管：　　　经办人：陆晓辉

10-3

ICBC 中国工商银行　进账单（收账通知）　3

2019 年 12 月 3 日

出票人	全　称	新龙电器股份有限公司	收款人	全　称	中信泰克机械有限公司
	账　号	9558872390137252471		账　号	134109024808825
	开户银行	中国工商银行上海嘉定支行		开户银行	中国工商银行黄山路支行

金额	人民币（大写）	贰佰叁拾伍万零肆佰元整	亿	千	百	十	万	千	百	十	元	角	分
					¥	2	3	5	0	4	0	0	0

票据种类	银行汇票	票据张数	1
票据号码	85421265		

中国工商银行黄山路支行
2019年12月3日
收讫

复核：　　　　　记账：　　　　　　　　　　　收款人开户银行签章

11-1 付款审批单

部门：＿＿＿＿＿＿＿　　　　　年　月　日

经手人		事　由		
项目名称	金　额	付款方式	备　注	附单据　　张
合　计		大写金额		
单位负责人审批	财务主管	部门领导	出　纳	

11-2 职工困难补助领用表

2019 年 12 月 3 日

部门	姓名	金额/元	签名	备注
后勤部	张华	4 000.00	张华	

审核：　　　　出纳：　　　　制单：赵小花

11-3 中国工商银行 现金支票存根 ICBC

00081005

附加信息＿＿＿＿＿＿＿

出票日期　　　　年　月　日

收款人：

金　额：

用　途：

单位主管　　　　　会计

12-1 领料单

领用单位：　　　　　年　月　日　　　　　编号：

编号	类别	名称	规格	单位	数量		单价	金额
					应发	实发		
合　计								

主管：　　记账：　　保管：　　经办人：陆晓辉

② 财务

13－1

领 料 单

领用单位：　　　　　　　　　　年 月 日　　　　　　　　　　编号：

编号	类别	名称	规格	单位	数量		单价	金额
					应发	实发		
		合　计						

主管：　　　　　　记账：　　　　　　保管：　　　　　　经办人：　陆晓辉

② 财务

14－1

ICBC　中国工商银行
现金支票存根
００８１００６

附加信息＿＿＿＿＿＿＿＿＿＿＿＿＿＿＿＿＿＿＿
　　　　　＿＿＿＿＿＿＿＿＿＿＿＿＿＿＿＿＿＿＿
　　　　　＿＿＿＿＿＿＿＿＿＿＿＿＿＿＿＿＿＿＿

出票日期　　　　　　　2019 年 12 月 6 日

| 收款人：本公司财务处 |
| 金　额：¥5 000.00 |
| 用　途：备用金 |

单位主管　　　　　　　　　　　　　会计

15－1

领 料 单

领用单位：　　　　　　　　　　年 月 日　　　　　　　　　　编号：

编号	类别	名称	规格	单位	数量		单价	金额
					应发	实发		
		合　计						

主管：　　　　　　记账：　　　　　　保管：　　　　　　经办人：　陆晓辉

② 财务

16-1 领 料 单

领用单位：　　　　　　　　　　年　月　日　　　　　　　　　　编号：

编号	类别	名称	规格	单位	数量		单价	金额
					应发	实发		
合　计								

主管：　　　　　　记账：　　　　　　保管：　　　　　　经办人：陆晓辉

② 财务

17-1 办公费分配表

2019年12月7日

使用部门	金额/元
运输车间	140.00
供汽车间	150.00
铸造车间	400.00
金工车间	300.00
装配车间	290.00
行政管理部门	600.00
销售部门	220.00
合　计	2 100.00

制表人：赵小花

17-2 付款审批单

部门：＿＿＿＿＿＿＿　　　　　　　　　年　月　日

经手人		事　由	
项目名称	金　额	付款方式	备　注
合　计		大写金额	
单位负责人审批	财务主管	部门领导	出　纳

附单据　张

17-3

安徽增值税专用发票 No 134020872082

开票日期：2019 年 12 月 07 日

购买方	名称：中信泰克机械有限公司 纳税人识别号：91340221510121597A 地址、电话：江城市黄山东路 1258 号 开户行及账号：工商银行黄山路支行 134109024808825	密码区	略

货物或应税劳务、服务名称	规格型号	单位	数量	单价	金额	税率	税额
办公用品					2 100.00	13%	273.00
合计					￥2 100.00		￥273.00

价税合计（大写） ⊗ 贰仟叁佰柒拾叁元整   （小写）￥2 373.00

销售方	名称：江城市物丰贸易有限公司 纳税人识别号：91340202151012390W 地址、电话：江城市南海路 718 号 开户行及账号：建行南海路支行 230487790003125	备注	

收款人：　　　　复核：　　　　开票人：陈环　　　　销售方：（章）

18-1

投 资 协 议

甲方：中信泰克机械有限公司

乙方：浙江重型机床厂

　　以下各方共同投资人（以下简称"共同投资人"）经友好协商，根据中华人民共和国法律、法规的规定，双方本着互惠互利的原则，就甲乙双方合作投资项目事宜达成如下协议，以共同遵守。

第一条　共同投资人的投资额和投资方式

　　甲、乙双方同意，甲方用自己生产的产品进行投资，投资额为陆拾柒万捌仟元整，甲方占乙方股权的比例为 5%。

第二条　利润分享和亏损分担

　　共同投资人按其出资额占出资总额的比例分享共同投资的利润，分担共同投资的亏损。

　　共同投资人各自以其出资额为限对共同投资承担责任，共同投资人以其出资总额为限对股份有限公司承担责任。

　　共同投资于股份有限公司的股份转让后，各共同投资人有权按其出资比例取得财产。

第三条　其他权利和义务

　　1. 甲方及其他共同投资人不得私自转让或者处理共同投资的股份；

　　2. 共同投资人在股份有限公司登记之日起三年内，不得转让其持有的股份及出资额。

第四条　违约责任

　　为保证本协议的实际履行，甲方自愿提供其所有资产向其他共同投资人提供担保。甲方承诺在其违约并造成其他共同投资人损失的情况下，以上述财产向其他共同投资人承担违约责任。

甲方（签字）：吴志伟　　　　　　乙方（签字）：张大富

　　2019 年 12 月 6 日　　　　　　　2019 年 12 月 6 日

18-2

安徽增值税专用发票

此联不作报销 扣税凭证使用   开票日期：2019年12月07日

购买方	名　　　　称：浙江重型机床厂 纳税人识别号：91330635134805512A 地址、电话：乌义市西湖东路158号 开户行及账号：工行西湖西路支行 134109098907315	密码区	

货物或应税劳务、服务名称	规格型号	单位	数量	单　价	金　额	税率	税　额
机床 A	CK6162	台	4	55 000.00	220 000.00	13%	28 600.00
机床 B	CK6163	台	4	95 000.00	380 000.00	13%	49 400.00
合　　计					￥600 000.00		￥78 000.00
价税合计（大写）	⊗陆拾柒万捌仟元整				（小写）￥678 000.00		

销售方	名　　　　称：中信泰克机械有限公司 纳税人识别号：91340221510121597A 地址、电话：江城市黄山东路1258号 开户行及账号：工行黄山路支行 134109024808825	备注	

收款人：　　　　　复核：　　　　　开票人：许志　　　　　销售方：（章）

18-3

产品出库单

仓库：　　　　　　　　　年　月　日　　　　　　　　　编号：

编号	名称	规格	单位	数量		单价	金额
				应发	实发		
			合　计				

主管：　　　　　记账：　　　　　保管：　　　　　经办人：陆晓辉

19-1

付款审批单

部门：_____　　　　　　年　月　日

经手人		事由		
项目名称	金　额	付款方式	备　注	
合　计		大写金额		
单位负责人审批	财务主管	部门领导	出　纳	

19－2

ICBC 中国工商银行
转账支票存根
02390032

附加信息 _____

| 出票日期 | | 年 | 月 | 日 |

| 收款人： |
| 金　额： |
| 用　途： |

单位主管　　　　　　　　　　会计

19－3

安徽增值税专用发票
发票联　　　　　　　　开票日期：2019 年 12 月 07 日

购买方	名　　称：中信泰克机械有限公司 纳税人识别号：91340221510121597A 地址、电话：江城市黄山东路1258号 开户行及账号：中国工商银行黄山路支行 134109024808825	密码区	略

货物或应税劳务、服务名称	规格型号	单位	数量	单价	金　额	税率	税额
合　计							

价税合计（大写）	⊗	（小写）

| 销售方 | 名　　称：江城电机厂
纳税人识别号：91340207608534521B
地址、电话：安徽省芜湖市镜湖区风云路33号
开户行及账号：工行风云路支行
11010680221542210 | 备注 | 江城电机厂
91340207608534521B
发票专用章 |

收款人：　　　　复核：　　　　开票人：王成功　　　　销售方：（章）

第三联 发票联 购买方记账凭证

19－4

收　料　单（记账凭单）

材料类别：　　　　　　　年 月 日　　　　　　　收料仓库：

名称	规格	单位	数量		实际成本				计划成本	
			应收	实收	单价	金额	运费	其他	合计	单位成本	金额
合　计											

② 财务

主管：　　　　记账：　　　　保管：　　　　经办人：

20-1

付款审批单

部门：_____   年 月 日

经手人		事 由		
项目名称	金 额	付款方式	备 注	附单据　张
合 计		大写金额		
单位负责人审批	财务主管	部门领导	出 纳	

20-2

安徽增值税专用发票　　No 134020789012

发票联　　开票日期：2019 年 12 月 07 日

购买方	名　称：中信泰克机械有限公司 纳税人识别号：91340221510121597A 地址、电话：江城市黄山东路 1258 号 开户行及账号：工商银行黄山路支行 134109024808825	密码区	略

货物或应税劳务、服务名称	规格型号	单位	数量	单价	金 额	税率	税 额
专利技术					226 415.09	6%	13 584.91
合　计					￥226 415.09		￥13 584.91

价税合计（大写）	⊗ 贰拾肆万元整	（小写）￥240 000.00

销售方	名　称：江城市鲲鹏软件有限公司 纳税人识别号：91340205069138332A 地址、电话：江城市文昌东路 65 号 开户行及账号：工行建国路支行 230400312587790	备注	江城市鲲鹏软件有限公司 91340205069138332A 发票专用章

收款人：　　　　复核：　　　　开票人：曹玉萍　　　　销售方：（章）

第三联 发票联 购买方记账凭证

20-3

中国工商银行 转账支票存根

ICBC

0 2 3 9 0 0 3 2

附加信息 _____
_____

出票日期　　　　　　年　　月　　日

收款人：	
金　额：	
用　途：	

单位主管　　　　　　　　　　会计

21－1

安徽增值税专用发票

No 00850826

发票联　　　开票日期：2019 年 12 月 08 日

购买方	名　　　称	中信泰克机械有限公司	密码区	略
	纳税人识别号	91340221510121597A		
	地址、电话	江城市黄山东路1258号		
	开户行及账号	工商银行黄山路支行 134109024808825		

货物或应税劳务、服务名称	规格型号	单位	数量	单价	金　额	税率	税　额
汽　油	93#	升	700.00	6.50	4 550.00	13%	591.50
合　计					￥4 550.00		￥591.50

价税合计（大写）	⊗伍仟壹佰肆拾壹元伍角整	（小写）	￥5 141.50

销售方	名　　　称	中石化江城市城北加油站	备注	（中石化江城市城北加油站 91340202167324955W 发票专用章）
	纳税人识别号	91340202167324955W		
	地址、电话	江城市花津南路415号		
	开户行及账号	工行花津南路支行 128048099152310802		

收款人：　　　　　　复核：　　　　　　开票人：刘梦婷　　　　　　销售方：（章）

21－2

付款审批单

部门：_____　　　　　　　　　　　年　月　日

经手人		事　由		附单据 张
项目名称	金　额	付款方式	备　注	
合　计		大写金额		
单位负责人审批	财务主管	部门领导	出　纳	

21－3

中国工商银行电子回单

付款人	全　称	中信泰克机械有限公司	收款人	全　称	中石化江城分公司
	账　号	134109024808825		账　号	1524085548564785
	开户银行	工商银行黄山路支行		开户银行	交通银行铁山支行
金　额		￥5 141.50	大写金额		人民币伍仟壹佰肆拾壹元伍角整
用　途		支付汽油费			
交易流水号			时间戳		略
电子签章		备注： 验证码：			（中国工商银行黄山路支行 2019年12月8日 转讫）
记账日期			2019 年 12 月 8 日		

22-1

付款审批单

部门：＿＿＿＿＿　　　　　　　　年　月　日

经手人		事　由		
项目名称	金　额	付款方式	备　注	附单据　　张
合　计		大写金额		
单位负责人审批	财务主管	部门领导	出　纳	

22-2

电话费分配表

2019年12月8日

使用部门	金额/元
运输车间	200.00
供汽车间	190.00
铸造车间	540.00
金工车间	320.00
装配车间	310.00
行政管理部门	1 250.00
销售部门	290.00
合　计	3 100.00

制表人：赵小花

22-3

安徽增值税专用发票

发票联　　　　　　No 514890525

开票日期：2019 年 12 月 08 日

购买方	名　　称：中信泰克机械有限公司 纳税人识别号：91340221510121597A 地　址、电　话：江城市黄山东路1258号 开户行及账号：工商银行黄山路支行134109024808825	密码区	略
货物或应税劳务、服务名称	规格型号　单位　数量　单价　金　额　税率　税　额		
电信服务	3 100.00　9%　279.00		
合　计	￥3 100.00　　￥279.00		
价税合计（大写）	⊗叁仟叁佰柒拾玖元整　　　　（小写）￥3 379.00		
销售方	名　　称：中国电信江城分公司 纳税人识别号：91340202151023119E 地　址、电　话：江城市中山路518号 开户行及账号：工行中山路支行487790002303125	备注	中国电信江城分公司 91340202151023119E 发票专用章

收款人：　　　　　复核：　　　　　开票人：刘森林　　　　　销售方：（章）

23 – 1

付款审批单

部门：＿＿＿＿＿＿＿＿　　　　年　月　日

经手人		事　由		附单据 张
项目名称	金　额	付款方式	备　注	
合　计		大写金额		
单位负责人审批	财务主管	部门领导	出　纳	

---

23 – 2

安徽增值税专用发票

发票联　　　　　　　　　　　　　开票日期：**2019 年 12 月 08 日**

购买方	名　　称：中信泰克机械有限公司 纳税人识别号：91340221510121597A 地址、电话：江城市黄山东路1258号 开户行及账号：工行黄山路支行 　　　　　　　134109024808825	密码区	略

货物或应税劳务、服务名称	规格型号	单位	数量	单价	金　额	税率	税　额
水费		立方米	3 600	5.00	18 000.00	9%	1 620.00
合　计					￥18 000.00		￥1 620.00

价税合计（大写）	⊗壹万玖仟陆佰贰拾元整	（小写）￥19 620.00

销售方	名　　称：江城市自来水公司 纳税人识别号：91340202151023409Q 地址、电话：江城市北京路108号 开户行及账号：工行北京路支行 　　　　　　　4563510100888698	备注	江城市自来水公司 91340202151023409Q 发票专用章

收款人：　　　　复核：　　　　开票人：孔静　　　　销售方：（章）

---

23 – 3

托收凭证（付款通知）5

委托日期　**2019 年 12 月 5 日**　　付款期限　**2019 年 12 月 8 日**

业务类型	委托收款	✓邮划	□电划	托收承付	□邮划	□电划

付款人	全　称	中信泰克机械有限公司	收款人	全　称	江城市自来水公司
	账　号	134109024808825		账号或地址	4563510100888698
	开户银行	工行黄山路支行		开户银行	工行北京路支行

委收金额	人民币（大写）：壹万玖仟陆佰贰拾元整	千	百	十	万	千	百	十	元	角	分
				￥	1	9	6	2	0	0	0

款项内容	水费	委托收款凭证名称	增值税专用发票	附寄单证张数	1

中国工商银行黄山路支行
2019年12月8日
转讫

备注：　　　　　上列款项已托收回收入方账户

　　　　　　　　　　　　　　　　　收款人开户银行签章
复核：　　记账：　　　　　　　　　年　月　日

24-1 付款审批单

部门：_____ 年 月 日

经手人		事由		附单据 张
项目名称	金额	付款方式	备注	
合计		大写金额		
单位负责人审批	财务主管	部门领导	出纳	

24-2 托收凭证（付款通知）5

委托日期 2019 年 12 月 5 日　　付款期限 2019 年 12 月 9 日

	业务类型	委托收款	✓邮划	□电划	托收承付	□邮划	□电划	
付款人	全称	中信泰克机械有限公司			收款人	全称	江城市供电总公司	
	账号	134109024808825				账号或地址	4563510100888351	
	开户银行	工行黄山路支行				开户银行	交行文化路支行	
委收金额	人民币（大写）：肆万零陆佰元整				￥ 4 0 6 0 0 0 0			
款项内容	电费	委托收款凭证名称	增值税专用发票		附寄单证张数			
备注：		上列款项已托收回收入方账户						
					收款人开户银行签章 年 月 日			
复核：		记账：						

（中国工商银行黄山路支行 2019年12月9日 转讫）

24-3 安徽增值税专用发票

发票联　　　　　　　　　　　　　　　开票日期：**2019 年 12 月 09 日**

购买方	名 称：中信泰克机械有限公司 纳税人识别号：913402215101121597A 地址、电话：江城市黄山东路1258号 开户行及账号：工行黄山路支行 134109024808825	密码区	略
货物或应税劳务、服务名称	规格型号	单位	数量	单价	金 额	税率	税 额
电费		度	35 000	1.00	35 000.00	13%	4 550.00
合 计					￥35 000.00		￥4 550.00
价税合计（大写）	⊗叁万玖仟伍佰伍拾元整				（小写）￥39 550.00		
销售方	名 称：江城市供电总公司 纳税人识别号：91340202151023411M 地址、电话：江城市文化路108号 开户行及账号：交行文化路支行 4563510100888351	备注	（江城市供电总公司 91340202151023411M 发票专用章）

收款人：　　　　复核：　　　　开票人：吴 华　　　　销售方：（章）

25-1

付 款 审 批 单

部门：_____　　　　　　　　年　月　日

经手人		事　由		
项目名称	金　额	付款方式	备　注	附单据
				张
合　计		大写金额		
单位负责人审批	财务主管	部门领导	出　纳	

25-2

安徽增值税专用发票　　No 048903615

发票联　　　　　　　　　　　　　　开票日期：2019 年 12 月 09 日

购买方	名　　称：中信泰克机械有限公司 纳税人识别号：91340221510121597A 地址、电话：江城市黄山东路 1258 号 开户行及账号：工商银行黄山路支行 134109024808825	密码区	略

货物或应税劳务、服务名称	规格型号	单位	数量	单价	金　额	税率	税　额
维修工具					1 200.00	13%	156.00
合　计					¥ 1 200.00		¥ 156.00

价税合计（大写）	⊗ 壹仟叁佰伍拾陆元整	（小写）¥ 1 356.00

销售方	名　　称：江城市物丰贸易有限公司 纳税人识别号：91340202151012390W 地址、电话：江城市南海路 718 号 开户行及账号：建行南海路支行 230487790003125	备注	

收款人：　　　　　　复核：　　　　　开票人：胡同应　　　销售方：（章）

26-1

安徽增值税专用发票

此联不作报销　扣税凭证使用　开票日期：2019 年 12 月 09 日

购买方	名　　称：太原机电公司 纳税人识别号：91140057972437723N 地址、电话：太原西南路 56 号 开户行及账号：中国建设银行太原陕西南路分理处 　　　　　　　4367420010523682475	密码区	略

货物或应税劳务、服务名称	规格型号	单位	数量	单价	金　额	税率	税　额
机床 A	CK6163	台	5	50 000.00	250 000.00	13%	32 500.00
机床 B	CK6163	台	6	90 000.00	540 000.00	13%	70 200.00
合计					¥ 790 000.00		¥ 102 700.00

价税合计（大写）	⊗ 捌拾玖万贰仟柒佰元整	（小写）¥ 892 700.00

销售方	名　　称：中信泰克机械有限公司 纳税人识别号：91340221510121597A 地址、电话：江城市黄山东路 1258 号 开户行及账号：中国工商银行黄山路支行 　　　　　　　134109024808825	备注	

收款人：　　　　　　复核：　　　　　开票人：许志　　　销售方：（章）

26-2
产 品 出 库 单

仓库：　　　　　　　　　　　　　　年　月　日　　　　　　　　　　　　编号：

编号	名称	规格	单位	数量 应发	数量 实发	单价	金额
	合　　计						

主管：　　　　　　　　记账：　　　　　　　　保管：　　　　　　　　经办人：陆晓辉

② 财务

26-3 **ICBC 中国工商银行　进账单（收账通知）**　3

2019 年 12 月 9 日

出票人	全　称	太原机电公司	收款人	全　称	中信泰克机械有限公司
	账　号	4367420010523682475		账　号	134109024808825
	开户银行	中国建设银行太原陕西南路分理处		开户银行	中国工商银行黄山路支行

金额 (大写)	人民币 捌拾玖万贰仟柒佰元整	亿	千	百	十	万	千	百	十	元	角	分
				￥	8	9	2	7	0	0	0	0

票据种类	银行汇票	票据张数	1
票据号码	58542126		

中国工商银行黄山路支行
2019年12月9日
收讫

复核　　　　　记账　　　　　　　　　　　　　收款人开户银行签章

此联是收款人开户银行交给收款人的收账通知

27-1
付 款 审 批 单

部门：＿＿＿＿＿＿　　　　　　　　　　　　年　月　日

经手人		事　由	
项目名称	金　额	付款方式	备　注
合　计		大写金额	
单位负责人审批	财务主管	部门领导	出　纳

附单据　　张

27-2

中国工商银行
转账支票存根
0 2 3 9 0 0 3 3

附加信息＿＿＿＿＿＿＿＿＿＿＿＿＿＿＿＿＿＿＿＿＿
＿＿＿＿＿＿＿＿＿＿＿＿＿＿＿＿＿＿＿＿＿＿＿＿＿
＿＿＿＿＿＿＿＿＿＿＿＿＿＿＿＿＿＿＿＿＿＿＿＿＿

出票日期　　　　　　　　　　年　　月　　日

| 收款人： |
| 金　额： |
| 用　途： |

单位主管　　　　　　　　　　　　　　会计

27-3

工资结算汇总表

2019 年 12 月 10 日

部门名称	明细科目	基本工资	加班工资	津贴补贴	应付工资总额	代扣款项			实发工资总额
						住房公积金(10%)	社会保险费(10.2%)	个人所得税(1%)	
基本生产车间	铁铸件		—	—					
基本生产车间	铝铸件		—	—					
基本生产车间	CK6163A 半成品		—	—					
基本生产车间	CK6163B 半成品		—	—					
基本生产车间	CK6163A 机床		—	—					
基本生产车间	CK6163B 机床		—	—					
辅助生产车间	运输车间		—	—					
辅助生产车间	供汽车间		—	—					
铸造车间			—	—					
金工车间			—	—					
装配车间			—	—					
行政管理部门			—	—					
销售部门			—	—					
合　计									

会计　　　　　　　　　　　复核：　　　　　　　　　　制表：

28-1

工资费用分配表

2019 年 12 月 10 日

部 门 名 称	明 细 科 目	应付工资总额
基本生产车间	铁铸件	
基本生产车间	铝铸件	
基本生产车间	CK6163A 半成品	
基本生产车间	CK6163B 半成品	
基本生产车间	CK6163A 机床	
基本生产车间	CK6163B 机床	
辅助生产车间	运输车间	
辅助生产车间	供汽车间	
铸造车间		
金工车间		
装配车间		
行政管理部门		
销售部门		
合 计		

审核:　　　　　　　　　　　　制单:

29-1

"五险一金"及相关经费计提表

2019 年 12 月 10 日

部门名称	明细科目	应付工资总额	住房公积金(10%)	社会保险费(16%)	工会经费(2%)	职工教育经费(8%)	合计
基本生产车间	铁铸件		—	—	—	—	
基本生产车间	铝铸件		—	—	—	—	
基本生产车间	CK6163A 半成品						
基本生产车间	CK6163B 半成品						
基本生产车间	CK6163A 机床						
基本生产车间	CK6163B 机床						
辅助生产车间	运输车间						
辅助生产车间	供汽车间						
铸造车间							
金工车间							
装配车间							
行政管理部门							
销售部门							
合 计							

审核:　　　　　　　　　　　　制单:

30-1

工会经费专用收据

第三联：收据联　　　　2019 年 12 月 10 日

```
今收到 ____机械____ 财务处 _____
人民币(大写) _____   ￥ _____
系　付　_____工会经费_____
单位盖章：　　　会计：　　　出纳：　　　经手人：  方辉
```

（盖章：中兴泰元机械有限公司 工会）

30-2

ICBC 中国工商银行
转账支票存根
02390034

附加信息 _____
_____
_____

出票日期　　　　　　年　　月　　日

| 收款人： |
| 金　额： |
| 用　途： |

单位主管　　　　　　　　　　　会计

31-1

ICBC 中国工商银行
转账支票存根
02390035

附加信息 _____
_____
_____

出票日期　　　　　　年　　月　　日

| 收款人： |
| 金　额： |
| 用　途： |

单位主管　　　　　　　　　　　会计

32-1 付款审批单

部门：_____ 年 月 日

经手人		事　由		
项目名称	金　额	付款方式	备　注	附单据
合　计		大写金额		张
单位负责人审批	财务主管	部门领导	出　纳	

32-2 中华人民共和国税收通用缴款书

纳税人编码：　　　　　　　　　　　　　校验码：(2019)皖　№2337534
隶属关系：
注册类型：　　　填发日期：2019 年 12 月 13 日　　征收机关：
国税缴电：

缴款单位(人)	代　码	913402215101 21597A		预算科目	编　码	
	全　称	中信泰克机械有限公司			名　称	
	开户银行	中国工商银行黄山路支行			级　次	
	账　号	134109024808825			收款国库	

税款所属时期 2019 年 11 月 1 日至年 2019 年 11 月 30 日　税款限缴时期　年　月　日

品　目 名　称	课　税 数　量	计税金额或 销售收入	税率或 单位税额	已缴或 扣除额	实缴金额
增值税 企业所得税 城市维护建设税 教育费附加					488 708.56 34 209.60 14 661.26
金额合计	(大写)伍拾叁万柒仟伍佰柒拾玖元肆角贰分				
缴款单位(人) （盖章） 经办人(章)	税务机关 （盖章） 填票人(章)	上列款项已收妥并划转收款单位账户。 国库(银行)盖章　年　月　日			备 注

中国工商银行黄山路支行 2019年12月13日 转讫

逾期不缴按说法规定加收滞纳金。

32-3 中华人民共和国税收完税证

隶属关系：　　　　　　　　　　　　　(2019) 完电字：02558712
注册类型：　　　填发日期：2019 年 12 月 13 日　　校验码：
征收机关：

纳税人代码	913402215101 21597A	地　址	江城市黄山东路 1258 号
纳税人名称	中信泰克机械有限公司	税款所属期	2019 年 11 月

税　种	品　目 名　称	计税金额、销售收入 或课税数量	税率或 单位税额	已缴或 扣除额	实缴税额
个人所得税					3 387.60
金额合计	(大写)叁仟叁佰捌拾柒元陆角整				
	委托代征单位(人) （盖章）	填票人 （章）		备 注	

中国工商银行黄山路支行 2019年12月13日 转讫

(打印有效，手写开票无效)

33-1 领　料　单

领用单位：　　　　　　　　　　年　月　日　　　　　　　　　　编号：

编号	类别	名称	规格	单位	数量		单价	金额
					应发	实发		
		合　计						

主管：　　　　　记账：　　　　　保管：　　　　　经办人：　陆晓辉

②财务

34-1 付　款　审　批　单

部门：_____　　　　　　　　年　月　日

经手人		事　由		
项目名称	金　额	付款方式	备　注	
合　计		大写金额		
单位负责人审批	财务主管	部门领导	出　纳	

附单据　　张

34-2

ICBC 中国工商银行
现金支票存根
00081007

附加信息_____

_____

出票日期　　　　2019 年 12 月 13 日

收款人：本公司财务处

金　额：￥48 000.00

用　途：发取暖费

单位主管　　　　　　　　　　会计

34-3

取 暖 费 分 配 表

2019 年 12 月 13 日

部 门 名 称	明 细 科 目	发放金额/元
基本生产车间	铁铸件	5 200.00
基本生产车间	铝铸件	5 000.00
基本生产车间	CK6163A 半成品	4 800.00
基本生产车间	CK6163B 半成品	4 600.00
基本生产车间	CK6163A 机床	4 400.00
基本生产车间	CK6163B 机床	5 000.00
辅助生产车间	运输车间	2 400.00
辅助生产车间	供汽车间	2 200.00
铸造车间		1 200.00
金工车间		1 200.00
装配车间		1 000.00
行政管理部门		8 000.00
销售部门		3 000.00
合　计		48 000.00

复核：　　　　　　　　　　　　　　制表：赵小花

35-1

付 款 审 批 单

部门：＿＿＿＿＿＿＿　　　　　　　年　月　日

	经手人		事　由		附单据张
项目名称	金　额		付款方式	备　注	
合　计			大写金额		
单位负责人审批	财务主管		部门领导	出　纳	

35-2

**中国工商银行
转账支票存根**

ICBC

0 2 3 9 0 0 3 6

附加信息＿＿＿＿＿＿＿＿＿＿＿＿＿＿
　　　　＿＿＿＿＿＿＿＿＿＿＿＿＿＿

出票日期　　　　　　　　年　　月　　日

收款人：新元贸易公司

金　额：￥59 325.00

用　途：贷款

单位主管　　　　　　　　　　　　会计

35-3

安徽增值税专用发票

发票联　　　　　　　　开票日期：2019 年 12 月 14 日

购买方	名　　　称：中信泰克机械有限公司 纳税人识别号：91340221510121597A 地　址、电话：江城市黄山东路 1258 号 开户行及账号：中国工商银行黄山路支行 　　　　　　　134109024808825	密码区	略

货物或应税劳务、服务名称	规格型号	单位	数量	单价	金　额	税率	税额
油漆		千克	300	65.00	19 500.00	13%	2 535.00
润滑油		千克	300	110.00	33 000.00	13%	4 290.00
合　　计					￥52 500.00		￥6 825.00

价税合计（大写）	⊗伍万玖仟叁佰贰拾伍元整	（小写）￥59 325.00

销售方	名　　　称：新元贸易公司 纳税人识别号：91340296565209818N 地　址、电话：江城市长江中路 46 号 开户行及账号：工行长江路支行 　　　　　　　4563509048708098210	备注	新元贸易公司 91340296565209818N 发票专用章

收款人：　　　　　复核：　　　　　开票人：朱维华　　　　　销售方：（章）

35-4

收 料 单（记账凭单）

材料类别：　　　　　　　　年 月 日　　　　　　　　收料仓库：

名称	规格	单位	数量		实际成本				计划成本	
			应收	实收	单价	金额	运费	其他	合计	单位成本	金额
合　计											

主管：　　　　记账：　　　　保管：　　　　经办人：

36-1

ICBC 中国工商银行　进账单（收账通知）　3

2019 年 12 月 14 日

出票人	全　称	江城机电贸易公司	收款人	全　称	中信泰克机械有限公司
	账　号	4563510100888122489		账　号	134109024808825
	开户银行	江城市交通银行长江路支行		开户银行	中国工商银行黄山路支行

金额	人民币（大写）	贰拾贰万元整	亿 千 百 十 万 千 百 十 元 角 分 　　　　￥2 2 0 0 0 0 0 0

票据种类	商业承兑汇票	票据张数	1
票据号码	12585421		

中国工商银行黄山路支行
2019年12月14日
收讫

复核：　　　　记账：　　　　　　　　　　收款人开户银行签章

37-1

付款审批单

部门：＿＿＿＿＿＿　　　　　　　　　　年　月　日

经手人		事　由		
项目名称	金　额	付款方式	备　注	附单据 张
合　计		大写金额		
单位负责人审批	财务主管	部门领导	出　纳	

37-2

ICBC 中国工商银行
转账支票存根
02390037

附加信息＿＿＿＿＿＿＿＿＿＿＿＿＿＿＿＿＿＿＿
＿＿＿＿＿＿＿＿＿＿＿＿＿＿＿＿＿＿＿＿＿＿＿
＿＿＿＿＿＿＿＿＿＿＿＿＿＿＿＿＿＿＿＿＿＿＿

出票日期　　　　　　2019 年 12 月 14 日

| 收款人：江城市新闻传媒有限公司 |
| 金　额：￥21 200.00 |
| 用　途：广告费 |

单位主管　　　　　　　　　　　　　会计

37-3

安徽增值税普通发票　　No 07912128436

发票联　　　　开票日期：2019 年 12 月 14 日

购买方	名　　称：中信泰克机械有限公司 纳税人识别号：91340221510121597A 地址、电话：江城市黄山东路 1258 号 开户行及账号：工商银行黄山路支行 134109024808825	密码区	略
货物或应税劳务、服务名称	规格型号	单位	数量	单价	金　额	税率	税　额
广告费					20 000.00	6%	1 200.00
合　计					￥20 000.00		￥1 200.00
价税合计（大写）	⊗ 贰万壹仟贰佰元整				（小写）　￥21 200.00		
销售方	名　　称：江城市新闻传媒有限公司 纳税人识别号：91340202151048188A 地址、电话：江城市利民路 1012 号 开户行及账号：工行利民路支行 483030002125779	备注	江城市新闻传媒有限公司 91340202151048188A 发票专用章

收款人：　　　　复核：　　　　开票人：周大福　　　　销售方：（章）

38－1

借 款 单

资金性质 　　　　　　　　　　　年 月 日　　　　　　　　　　　第　号

借款单位：
借款理由：
借款金额：人民币（大写）　　　　　　　　¥
部门负责人意见：

总经理　　　　　财务经理　　　　　会计　　　　　出纳　　　　　借款人

第二联 会计记账

38－2

ICBC 中国工商银行 转账支票存根

０２３９００３８

附加信息＿＿＿＿＿＿＿＿＿＿＿＿＿＿＿＿＿＿＿＿＿＿＿＿

＿＿＿＿＿＿＿＿＿＿＿＿＿＿＿＿＿＿＿＿＿＿＿＿＿＿＿＿

出票日期　　　　　　　　　2019 年 12 月 14 日

收款人：王慧
金　　额：¥10 000.00
用　　途：借支差旅费

单位主管　　　　　　　　　　　　　　会计

39－1

付 款 审 批 单

部门：＿＿＿＿＿＿＿＿　　　　　　年 月 日

经手人		事　由		
项目名称	金　额	付款方式	备　注	
合　计		大写金额		
单位负责人审批	财务主管	部门领导	出　纳	

附单据　　张

39-2

江城市电子缴税回单

隶属关系——区属　　　　　　　　　　　　　电子缴税号 705845
注册类型——有限责任公司　填发日期——20191215　征收机关——江城市弋江区税务局

缴税单位	代　码	91340221510121597A		收款国库	弋江金库
	全　称	中信泰克机械有限公司		国库账号	622056542
	账　号	134109024808825		预算级次	市级
	开户银行	中国工商银行黄山路支行		国库开户银行	中国工商银行黄山路支行
税款所属期	20191101－20191130			税款限缴日期	20191215
预算科目	税种税目		计税金额、销售收入或课税数量	税率或单位税额	已缴或扣除额	实缴税额
1011119	印花税					1 180.00
金额合计	壹仟壹佰捌拾元整					￥1 180.00
申报方式	征收方式	打印次数	上列款项已核记入收款单位账户。扣款日期——		备注	
网络申报	一般申报	1				

未加盖银行印章无效　　　　　　　　　　　　　　　　　　　　　　　　　　　　第一联　纳税人留存

中国工商银行黄山路支行 2019年12月15日 转讫
银行盖章

40-1

付　款　审　批　单

部门：＿＿＿＿＿＿　　　　　　　　　　年　月　日

经手人		事　由			
项目名称	金　额	付款方式		备　注	
合　计		大写金额			
单位负责人审批	财务主管	部门领导		出　纳	

附单据　　张

40-2

ICBC　**中国工商银行**
转账支票存根
0 2 3 9 0 0 3 9

附加信息＿＿＿＿＿＿＿＿＿＿＿＿＿＿＿＿＿＿＿＿
　　　　＿＿＿＿＿＿＿＿＿＿＿＿＿＿＿＿＿＿＿＿
　　　　＿＿＿＿＿＿＿＿＿＿＿＿＿＿＿＿＿＿＿＿

出票日期　　　　　　　　　年　　月　　日

收款人：	
金　额：	
用　途：	

单位主管　　　　　　　　　　　　　会计

40-3

上海增值税专用发票

开票日期：2019 年 12 月 15 日

购买方	名称：中信泰克机械有限公司 纳税人识别号：91340221510121597A 地址、电话：江城市黄山东路 1258 号 开户行及账号：中国工商银行黄山路支行 134109024808825	密码区	略

货物或应税劳务、服务名称	规格型号	单位	数量	单价	金额	税率	税额
合计							

价税合计（大写）	⊗	（小写）	

销售方	名称：上海鑫隆电器有限公司 纳税人识别号：91310454424542345B 地址、电话：上海市望江路 19 号 开户行及账号：交行望江路支行 955887231047823001	备注	上海鑫隆电器有限公司 91310454424542345B 发票专用章

收款人：　　　复核：　　　开票人：胡有为　　　销售方：（章）

40-4

上海增值税专用发票　　No 002515489

开票日期：2019 年 12 月 15 日

购买方	名称：中信泰克机械有限公司 纳税人识别号：91340221510121597A 地址、电话：江城市黄山东路 1258 号 开户行及账号：工商银行黄山路支行 134109024808825	密码区	略

货物或应税劳务、服务名称	规格型号	单位	数量	单价	金额	税率	税额
运输费					1 000.00	9%	90.00
合计					¥1 000.00		¥90.00

价税合计（大写）	⊗壹仟零玖拾元整	（小写） ¥1 090.00

销售方	名称：上海捷达运输有限公司 纳税人识别号：91310202721632334N 地址、电话：上海市深圳路 555 号 开户行及账号：浦发行深圳路支行 480030487790455	备注	上海捷达运输有限公司 91310202721632334N 发票专用章

收款人：　　　复核：　　　开票人：赵三喜　　　销售方：（章）

40-5

收　料　单（记账凭单）

材料类别：　　　　　　　　　年　月　日　　　　　　　收料仓库：

名称	规格	单位	数量		实际成本				计划成本	
			应收	实收	单价	金额	运费	其他	合计	单位成本	金额
合计											

主管：　　　记账：　　　保管：　　　经办人：

② 财务

41-1

付款审批单

部门：_____　　　　　　　　　　年　月　日

经手人		事　由		
项目名称	金　额	付款方式	备　注	附单据　张
合　计		大写金额		
单位负责人审批	财务主管	部门领导	出　纳	

41-2

江苏增值税专用发票

发票联　　　　　　　　　　开票日期：2019 年 12 月 15 日

购买方	名　称：中信泰克机械有限公司 纳税人识别号：91340221510121597A 地址、电话：江城市黄山东路1258号 开户行及账号：中国工商银行黄山路支行 134109024808825	密码区	略

货物或应税劳务、服务名称	规格型号	单位	数量	单价	金　额	税率	税额
合　　计							
价税合计（大写）	⊗				（小写）		

销售方	名　称：三元贸易公司 纳税人识别号：91310296565209818Q 地址、电话：南京市建国路46号 开户行及账号：工行建国路支行 4563509048708098210	备注	三元贸易公司 91310296565209818Q 发票专用章

收款人：　　　　复核：　　　　开票人：戴红　　　　销售方：（章）

第三联　发票联　购买方记账凭证

41-3

商业承兑汇票（存根）3　　　　　　　39008791

出票日期（大写）　　　年　月　日

付款人	全　称	中信泰克机械有限公司	收款人	全　称	三元贸易公司
	账　号	134109024808825		账　号	4563509048708098210
	开户银行	中国工商银行黄山路支行		开户银行	工行建国路支行

出票金额	人民币 （大写）	亿	千	百	十	万	千	百	十	元	角	分
汇票到期日（大写）	贰零贰零年叁月壹拾伍日											
交易合同号码												
备注												

行号地址转讫　开户行工商银行黄山路支行　2019年12月15日

此联由出票人存查

41-4

收 料 单（记账凭单）

材料类别：　　　　　　　　　　　　年　月　日　　　　　　　　　收料仓库：

名称	规格	单位	数量		实际成本					计划成本	
			应收	实收	单价	金额	运费	其他	合计	单位成本	金额
合　计											

主管：　　　　　　　记账：　　　　　　　保管：　　　　　　　经办人：

② 财务

42-1

中国工商银行
现金支票存根
00081008

附加信息＿＿＿＿＿＿＿＿＿＿＿＿＿＿＿＿＿＿＿
＿＿＿＿＿＿＿＿＿＿＿＿＿＿＿＿＿＿＿＿＿＿＿

出票日期　　　　　　　2019年12月15日

| 收款人：本公司财务处 |
| 金　额：￥5 000.00 |
| 用　途：备用金 |

单位主管　　　　　　　　　　　　　　　会计

43-1

中国工商银行
转账支票存根
02390040

附加信息＿＿＿＿＿＿＿＿＿＿＿＿＿＿＿＿＿＿＿
＿＿＿＿＿＿＿＿＿＿＿＿＿＿＿＿＿＿＿＿＿＿＿

出票日期　　　　　　　　　年　　月　　日

| 收款人： |
| 金　额： |
| 用　途： |

单位主管　　　　　　　　　　　　　　　会计

43-2

付 款 审 批 单

部门：_____   年 月 日

经手人		事 由		
项目名称	金 额	付款方式	备 注	附单据 张
合 计		大写金额		
单位负责人审批	财务主管	部门领导	出 纳	

43-3

住房公积金汇(补)缴书

2019 年 12 月 16 日   附：缴存变更清册 页

缴款单位	单位名称	中信泰克机械有限公司	收款单位	单位名称	江城市住房公积金管理中心	第四联 收款单位开户行给收款单位的收账通知
	单位账号	134109024808825		公积金账号	1100142248667	
	开户银行	中国工商银行黄山路支行		开户银行	交通银行中山路支行	
缴款类型	☑汇缴	□补缴	补缴原因			
缴款人数		缴款时间	年 月至 年 月	月数		
缴款方式	□现金	□转账		百十万千百十元角分		
金额(大写)	人民币					

	上次汇缴		本次增加汇缴		本次减少汇缴		本次汇(补)缴	
	人数	金额	人数	金额	人数	金额	人数	金额

上述款项已划转至市住房公积金管理中心住房公积金存款户内。(银行盖章)

复核：　　　　　　　　　经办：　　　　　　　　　　　　　　年 月 日

(中国工商银行黄山路支行 2019年12月16日 转讫)

44-1

江城市社会保险费专用收款票据

流水号：2205　　　　　　　　　　　　　　　　　　　　　　　　　　No 2410011105

付款单位：中信泰克机械有限公司　　　经济类别：企业　　　　　　　　单位：元

收费项目	起止年月	终止年月	人数	单位缴纳额	个人缴纳额	滞纳金	利息	合计

复核：　　　　　　　　制单：　　　　　　　　　　　　操作员：李尚山

(发票联　安徽省江城市国家税务局监制　金额检验费监制章)

44-2

付 款 审 批 单

部门：＿＿＿＿＿＿＿＿　　　　　　　　年　月　日

经手人		事　由		附单据　　张
项目名称	金　额	付款方式	备　注	
合　计		大写金额		
单位负责人审批	财务主管	部门领导	出　纳	

44-3

ICBC 　**中国工商银行**
　　　　　　转账支票存根
　　　　　　0 2 3 9 0 0 4 1

附加信息＿＿＿＿＿＿＿＿＿＿＿＿＿＿＿＿＿＿
＿＿＿＿＿＿＿＿＿＿＿＿＿＿＿＿＿＿＿＿＿＿
＿＿＿＿＿＿＿＿＿＿＿＿＿＿＿＿＿＿＿＿＿＿

出票日期　　　　　　　　年　　月　　日

收款人：
金　额：
用　途：

单位主管　　　　　　　　　　　　会计

45-1

付 款 审 批 单

部门：＿＿＿＿＿＿＿＿　　　　　　　　年　月　日

经手人		事　由		附单据　　张
项目名称	金　额	付款方式	备　注	
合　计		大写金额		
单位负责人审批	财务主管	部门领导	出　纳	

安徽增值税专用发票

45-2 No 048903821

开票日期：2019年12月16日

购买方	名称：中信泰克机械有限公司 纳税人识别号：91340221510121597A 地址、电话：江城市黄山东路1258号 开户行及账号：工商银行黄山路支行 134109024808825	密码区	略

货物或应税劳务、服务名称	规格型号	单位	数量	单价	金额	税率	税额
消防器材					2 100.00	13%	273.00
合　计					￥2 100.00		￥273.00

价税合计（大写）　⊗ 贰仟叁佰柒拾叁元整　　（小写）￥2 373.00

销售方	名称：江城市物丰贸易有限公司 纳税人识别号：91340202151012390W 地址、电话：江城市南海路718号 开户行及账号：建行南海路支行 230487790003125	备注	（销售方发票专用章）

收款人：　　复核：　　开票人：胡同立　　销售方：（章）

中国工商银行 ICBC 进账单（收账通知）

46-1　3

2019年12月16日

出票人	全称	天河电器公司	收款人	全称	中信泰克机械有限公司
	账号	6222198231561279953		账号	134109024808825
	开户银行	交通银行北京东城支行		开户银行	中国工商银行黄山路支行

金额	人民币（大写）	伍仟捌佰元整	亿 千 百 十 万 千 百 十 元 角 分
			￥　　　　5 8 0 0 0 0

票据种类	转账支票	票据张数	1
票据号码	25854212		

复核　　记账　　收款人开户银行签章

（中国工商银行黄山路支行 2019年12月16日 收讫）

江城市电子缴税回单

47-1

隶属关系——区属　　　　　　　　　　电子缴税号 705845
注册类型——有限责任公司　填发日期——20191217　征收机关——江城市弋江区税务局

缴税单位	代码	91340221510121597A	收款国库	弋江金库
	全称	中信泰克机械有限公司	国库账号	622056542
	账号	134109024808825	预算级次	市级
	开户银行	中国工商银行黄山路支行	国库开户银行	中国工商银行黄山路支行

税款所属期　20191101 - 20191131　　税款限缴日期　20191217

预算科目	税种税目	计税金额、销售收入或课税数量	税率或单位税额	已缴或扣除额	实缴税额
1011119	印花税		0.5‰		1 000.00

金额合计　壹仟元整　　　　　　　　　　　　　　　　￥1 000.00

（中国工商银行黄山路支行 2019年12月17日 转讫）

申报方式	征收方式	打印次数	上列款项已核记入收款单位账户。 扣款日期——	备注
网络申报	一般申报	1	银行盖章	

48－1

投 资 协 议

甲方：中信泰克机械有限公司
乙方：朗能机械设备股份有限公司
　　　以下各方共同投资人（以下简称"共同投资人"）经友好协商，根据中华人民共和国法律、法规的规定，双方本着互惠互利的原则，就甲乙双方合作投资项目事宜达成如下协议，以共同遵守。
第一条　共同投资人的投资额和投资方式
　　　甲、乙双方同意，乙方投入数控车床两台，价值贰佰贰拾陆万元，乙方占甲方股权比例的12.5%。
第二条　利润分享和亏损分担
　　　共同投资人按其出资额占出资总额的比例分享共同投资的利润，分担共同投资的亏损。
　　　共同投资人各自以其出资额为限对共同投资承担责任，共同投资人以其出资总额为限对股份有限公司承担责任。
　　　共同投资于股份有限公司的股份转让后，各共同投资人有权按其出资比例取得财产。
第三条　其他权利和义务
　　1. 甲方及其他共同投资人不得私自转让或者处分共同投资的股份。
　　2. 共同投资人在股份有限公司登记之日起三年内，不得转让其持有的股份及出资额。
第四条　违约责任
　　　为保证本协议的实际履行，甲方自愿提供其所有资产向其他共同投资人提供担保。甲方承诺在其违约并造成其他共同投资人损失的情况下，以上述财产向其他共同投资人承担违约责任。
　　　甲方（签字）：　吴志伟　　　　　乙方（签字）：　郑周宇
　　　　　2019　年　12　月　17　日　　　　　2019　年　12　月　17　日

48－2

浙江增值税专用发票

开票日期：2019 年 12 月 17 日

购买方	名　　称：中信泰克机械有限公司 纳税人识别号：91340221510121597A 地址、电话：江城市黄山东路 1258 号 开户行及账号：中国工商银行黄山路支行 134109024808825	密码区	略

货物或应税劳务、服务名称	规格型号	单位	数量	单价	金额	税率	税额
数控车床		台	2	1 000 000.00	2 000 000.00	13%	260 000.00
合　计							

价税合计（大写）	⊗ 贰佰贰拾陆万元整	（小写）¥ 2 260 000.00

销售方	名　　称：朗能机械设备股份有限公司 纳税人识别号：91330207750384459W 地址、电话：杭州市玉皇山路 24 号 开户行及账号：工行玉皇山路支行 6220113090001823011	备注	91330207750384459W 发票专用章

收款人：　　　　　复核：　　　　　开票人：朱文华　　　　　销售方：（章）

第三联　发票联　购买方记账凭证

48－3

固定资产交接（验收）单

2019 年 12 月 17 日

固定资产编号	名称	规格	型号	计量单位	数量	建造单位	建造编号	资金来源	备注
0218	数控车床			台	2	山东机床厂		接受投资	

总价	买价	安装费	运杂费	包装费	其他	原值	预计年限	净残值率
	200 万元					200 万元	10	5%

用途	产品生产用	使用部门	第二车间	已提折旧	无

验收意见	合格，交付使用	验收人签章	陆新华

49－1

领 料 单

领用单位：　　　　　　　　　　年　月　日　　　　　　　　　　编号：

编号	类别	名称	规格	单位	数量		单价	金额
					应发	实发		
		合　计						

主管：　　　　　　记账：　　　　　　保管：　　　　　　经办人：陆晓辉

② 财务

49－2

发出材料成本差异计算表

　　　　　　　　　　　　　　年　月　　　　　　　　　　　　　单位：元

领用部门及用途	原材料及主要材料			辅助材料			合计
	计划成本	差异率	差异额	计划成本	差异率	差异额	
合计							

复核：　　　　　　　　　　　　制单：

50－1

付 款 审 批 单

部门：＿＿＿＿＿＿　　　　　　年　月　日

经手人		事　由	
项目名称	金　额	付款方式	备　注
合　计		大写金额	
单位负责人审批	财务主管	部门领导	出　纳

附单据　　张

50-2

安徽增值税普通发票

No 0806910

发票联

开票日期：2019 年 12 月 17 日

购买方	名　　　　称：中信泰克机械有限公司 纳税人识别号：91340221510121597A 地　址、电　话：江城市黄山东路 1258 号 开户行及账号：工商银行黄山路支行 134109024808825	密码区	略

货物或应税劳务、服务名称	规格型号	单位	数量	单价	金　额	税率	税　额
香　烟		条	2	336.28	672.56	13%	87.43
饮　料		箱	5	88.49	442.46	13%	57.52
合　计					¥ 1 115.02		¥ 144.95

价税合计（大写）	⊗壹仟贰佰伍拾玖元玖角柒分	（小写）¥ 1 259.97

销售方	名　　　　称：江城市新百商贸有限公司 纳税人识别号：91340207355618315W 地　址、电　话：江城市青岛路 298 号 0553 - 6822418 开户行及账号：建行青岛路支行 230487791235688	备注	江城市新百商贸有限公司 91340207355618315W 发票专用章

收款人：刘旭功　　　复核：习东华　　　开票人：刘旭功　　　销售方：（章）

50-3

安徽增值税普通发票

No 0666912

发票联

开票日期：2019 年 12 月 17 日

购买方	名　　　　称：中信泰克机械有限公司 纳税人识别号：91340221510121597A 地　址、电　话：江城市黄山东路 1258 号 开户行及账号：工商银行黄山路支行 134109024808825	密码区	略

货物或应税劳务、服务名称	规格型号	单位	数量	单价	金　额	税率	税　额
餐　费					3 776.70	3%	113.30
合　计					¥ 3 776.70		¥ 113.30

价税合计（大写）	⊗叁仟捌佰玖拾元整	（小写）¥ 3 890.00

销售方	名　　　　称：徽州大酒店 纳税人识别号：91340202611125284X 地　址、电　话：江城市凤凰美食街 018 号 0553 - 2315888 开户行及账号：工行凤凰美食街支行 483037900021257	备注	徽州大酒店 91340202611125284X 发票专用章

收款人：温彩秀　　　复核：习东华　　　开票人：温彩秀　　　销售方：（章）

51-1

付款审批单

部门：_____　　　　　　　年　月　日

经手人		事　由		
项目名称	金　额	付款方式	备　注	附单据 张
合　计		大写金额		
单位负责人审批	财务主管	部门领导	出　纳	

51-2

中国工商银行
转账支票存根
0 2 3 9 0 0 4 2

附加信息 _____
_____

出票日期　　　　2019 年 12 月 20 日

收款人：本公司食堂	
金　　额：￥24 000.00	
用　　途：伙食补贴费	

单位主管　　　　　　　　　　　会计

51-3

食堂补贴费用分配表

2019 年 12 月 20 日

受 益 部 门	金额/元
基本生产车间——铁铸件	2 600.00
基本生产车间——铝铸件	2 500.00
基本生产车间——CK6163A 半成品	2 400.00
基本生产车间——CK6164B 半成品	2 300.00
基本生产车间——CK6163A 机床	2 200.00
基本生产车间——CK6163B 机床	2 500.00
运输车间	1 200.00
供汽车间	1 100.00
铸造车间	600.00
金工车间	600.00
装配车间	500.00
管理部门	4 000.00
销售部门	1 500.00
合　计	24 000.00

制单　赵小花

52-1

证券交易成交报告单

成交日期：2019-12-20 资金账号：1251122562332 客户姓名：	打印日期： 证券代码：600249 证券名称：A公司
申报日期： 申报时间： 成交数量：10 000	申报编号： 成交时间： 佣金：
成交均价：4.8 成交金额：48 000 收付金额：	印花税： 过户费： 附加费用：

53-1

中国工商银行
现金支票存根
00081009

附加信息_____

出票日期　　　　　2019 年 12 月 20 日

收款人：本公司财务处
金　　额：￥5 000.00
用　　途：备用金

单位主管　　　　　　　　　　会计

54-1

安徽增值税专用发票

此联不作报销、扣税凭证使用　开票日期：2019 年 12 月 20 日

购买方	名　　称：江苏淮安电机公司 纳税人识别号：91320270785452001A 地　址、电　话：江苏省淮安市武阳路11号 开户行及账号：交通银行淮安市武阳路支行 　　　　　　　　6222198231561 81245562	密码区	略

货物或应税劳务、服务名称	规格型号	单位	数量	单价	金　　额	税率	税　　额
机床 A	CK6163	台	4	45 000.00	180 000.00	13%	23 400.00
机床 B	CK6163	台	5	98 000.00	490 000.00	13%	63 700.00
合　　计					￥670 000.00		￥87 100.00
价税合计（大写）	⊗柒拾伍万柒仟壹佰元整				（小写）￥757 100.00		

销售方	名　　称：中信泰克机械有限公司 纳税人识别号：91340221510121597A 地　址、电　话：江城市黄山东路1258号 开户行及账号：中国工商银行黄山路支行 　　　　　　　　134109024808825	备注	

收款人：　　　　复核：　　　　开票人：许志　　　　销售方：（章）

54-2

产 品 出 库 单

仓库：　　　　　　　　　　　　年　月　日　　　　　　　　　　　　编号：

编号	名称	规格	单位	数　量		单价	金额
				应发	实发		
合　计							

主管：　　　　　　记账：　　　　　　保管：　　　　　　经办人：陆晓辉

②财务

54-3

ICBC 中国工商银行　　进账单（收账通知）　3

2019 年 12 月 20 日

出票人	全　称	江苏淮安电机公司	收款人	全　称	中信泰克机械有限公司
	账　号	6222198231561812455562		账　号	134109024808825
	开户银行	交通银行淮安市武阳路支行		开户银行	中国工商银行黄山路支行

金额	人民币（大写）	柒拾伍万柒仟壹佰元整	亿	千	百	十	万	千	百	十	元	角	分
					¥	7	5	7	1	0	0	0	0

票据种类	银行本票	票据张数	1
票据号码	21265585		

中国工商银行黄山路支行
2019年12月20日
收讫

复核　　　　记账　　　　　　　　　收款人开户银行签章

此联是收款人开户银行交给收款人的收账通知

55-1

付 款 审 批 单

部门：_____　　　　　　　年　月　日

经手人		事　由	
项目名称	金　额	付款方式	备　注
合　计		大写金额	
单位负责人审批	财务主管	部门领导	出　纳

附单据　　张

55-2

江苏增值税专用发票

发票联

开票日期：2019 年 12 月 21 日

购买方	名　　称：中信泰克机械有限公司 纳税人识别号：91340221510121597A 地　址、电话：江城市黄山东路 1258 号 开户行及账号：中国工商银行黄山路支行 　　　　　　　134109024808825	密码区	略

货物或应税劳务、服务名称	规格型号	单位	数量	单价	金　额	税率	税　额
合　　计							

价税合计（大写）	⊗	（小写）

销售方	名　　称：南京电机股份有限公司 纳税人识别号：91320174123345201D 地　址、电话：南京市下关区人民路 22 号 开户行及账号：工行人民路支行 　　　　　　　6222198231565 99565562	备注	南京电机股份有限公司 91320174123345201D 发票专用章

收款人：　　　　　复核：　　　　　开票人：张源　　　　　销售方：（章）

55-3

安徽增值税专用发票

发票联　　　　　No 005754483

开票日期：2019 年 12 月 21 日

购买方	名　　称：中信泰克机械有限公司 纳税人识别号：91340221510121597A 地　址、电话：江城市黄山东路 1258 号 开户行及账号：工商银行黄山路支行 　　　　　　　134109024808825	密码区	略

货物或应税劳务、服务名称	规格型号	单位	数量	单价	金　额	税率	税　额
运输费					1 000.00	9%	90.00
合　　计					￥1 000.00		￥90.00

价税合计（大写）	⊗壹仟零玖拾元整	（小写）￥1 090.00

销售方	名　　称：江城顺风运输有限公司 纳税人识别号：91340202167323155E 地　址、电话：江城市广州路 1258 号 开户行及账号：交行广州路支行 　　　　　　　12804809915 2310802	备注	江城顺风运输有限公司 91340202167323155E 发票专用章

收款人：　　　　　复核：　　　　　开票人：花瑞君　　　　　销售方：（章）

55-4

银行承兑汇票（存根）   3   68791085

出票日期贰零壹玖年拾贰月贰拾壹日（大写）

出票人全称	中信泰克机械有限公司	收款人	全 称	南京电机股份有限公司
出票人账号	134109024808825		账 号	622219823156599565562
付款行全称	中国工商银行黄山路支行		开户银行	工行人民路支行
出票金额	人民币（大写）			亿 千 百 十 万 千 百 十 元 角 分
汇票到期日（大写）	贰零贰零年叁月贰拾贰日	付款	行号 34025815601	
承兑协议编号	54812532		地址 黄山路 66 号	
备注：			复核： 经办：	

（中国工商银行黄山路支行 2019年12月21日 转讫）

此联由出票人存查

56-1

中国工商银行　收费凭条

2019 年 12 月 20 日

付款人名称	中信泰克机械有限公司	账号	134109024808825

服务项目	数量	工本费	手续费	小计 百 十 万 千 百 十 元 角 分	
银行汇票					上述款项请从我账户内支付
人民币（大写）					

会计：　　　　出纳.　　　　经办人：王虎

（中国工商银行黄山路支行 2019年12月21日 转讫）

56-2

安徽增值税专用发票   No 134020189287

开票日期：2019 年 12 月 21 日

购买方	名　　　称：中信泰克机械有限公司 纳税人识别号：91340221510121597A 地址、电话：江城市黄山东路 1258 号 开户行及账号：工商银行黄山路支行 134109024808825	密码区	略

货物或应税劳务、服务名称	规格型号	单位	数量	单价	金额	税率	税额
手续费						6‰	
合　计							

价税合计（大写）	⊗	（小写）￥

销售方	名　　　称：中国工商银行股份有限公司江城分公司 纳税人识别号：91340205501218847A 地址、电话：江城市黄山路 718 号 开户行及账号：建行黄山路支行 280312504877900	备注	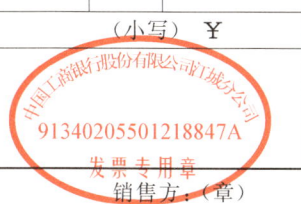

收款人：　　　　复核：　　　　开票人：王瑞　　　　销售方：（章）

第三联 发票联 购买方记账凭证

57-1

付款审批单

部门：＿＿＿＿＿　　　　　　　年　月　日

经手人		事　由		
项目名称	金　额	付款方式	备　注	附单据张
合　计		大写金额		
单位负责人审批	财务主管	部门领导	出　纳	

57-2

安徽增值税普通发票

发票联　　　　　　　　　　开票日期：**2019 年 12 月 21 日**

购买方	名　　称：中信泰克机械有限公司 纳税人识别号：91340221510121597A 地　址、电　话：江城市黄山东路 1258 号 开户行及账号：工行黄山路支行 　　　　　　　　134109024808825	密码区	略

货物或应税劳务、服务名称	规格型号	单位	数量	单价	金　额	税率	税　额
贺年卡					796.46	13%	103.54
合　计					￥796.46		￥103.54

价税合计（大写）	⊗玖佰元整	（小写）￥900.00

销售方	名　　称：江城市丰源贸易有限公司 纳税人识别号：91340202151023409X 地　址、电　话：江城市北京路 108 号 开户行及账号：工行北京路支行 　　　　　　　　128023108024809915	备注	

收款人：　　　复核：　　　开票人：王静　　　销售方：（章）

58-1

固定资产折旧提取计算表

2019 年 12 月 21 日

会计科目	明细科目	固定资产原价	月折旧率	折旧金额
辅助生产成本	运输车间	431 100.00	1%	4 311.00
辅助生产成本	供汽车间	712 600.00	1%	7 126.00
制造费用	铸造车间	1 726 000.00	0.5%	8 630.00
制造费用	金工车间	2 923 740.00	0.5%	14 618.70
制造费用	装配车间	3 266 000.00	0.5%	16 330.00
管理费用		5 183 000.00	1%	51 830.00
销售费用		266 000.00	1%	2 660.00
合　计		14 508 440.00		105 505.70

制表人：王慧

59-1

无形资产计提摊销表

2019 年 12 月 22 日

无形资产名称	摊销额
会计核算软件	1 068.38
专利权	1 886.79
合　计	2 955.17

制表人：王慧

60-1

付款审批单

部门：_____　　　　　年　月　日

经手人		事　由		附单据张
项目名称	金　额	付款方式	备　注	
合　计		大写金额		
单位负责人审批	财务主管	部门领导	出　纳	

60-2

离退休人员慰问金发放表

2019 年 12 月 22 日

序号	姓　名	金额/元
1	张华伟	1 000.00
2	李代志	1 000.00
3	胡福安	1 000.00
4	魏大新	1 000.00
5	周立海	1 000.00
	合　计	5 000.00

制单：赵小花

61-1

付款审批单

部门：_____　　　　　年　月　日

经手人		事　由		附单据张
项目名称	金　额	付款方式	备　注	
合　计		大写金额		
单位负责人审批	财务主管	部门领导	出　纳	

61-2

中国工商银行
转账支票存根
02390043

附加信息 _____

出票日期　　　2019 年 12 月 22 日

收款人：德邦物流有限公司
金　　额：￥3 000.00
用　　途：代垫运费

单位主管　　　　　　　　　　　　会计

61-3

中国工商银行　　进账单（回单）　2

2019 年 12 月 22 日　　　　　　　　　第 10342 号

付款人	全称	中信泰克机械有限公司	收款人	全称	德邦物流有限公司
	账号	134109024808825		账号	134108088259024
	开户银行	工商银行黄山路支行		开户银行	工商银行泰山路支行

人民币（大写）	叁仟元整	千 百 十 万 千 百 十 元 角 分
		￥　　　　3 0 0 0 0 0

票据种类	转账支票	票据张数	1
票据号码	02390043		

单位主管　　会计　　复核　　记账　　　　　　　　开户银行签章

（盖章：中国工商银行黄山路支行 2019年12月22日 转讫）

此联开户银行交给持（出）票人的回单

62-1

安徽增值税专用发票

此联不作报销抵扣税凭证使用　　开票日期：2019 年 12 月 22 日

购买方	名　　　称：河南机械贸易公司	密码区	略
	纳税人识别号：91410621301452001M		
	地址、电话：河南南阳委中路 74 号		
	开户行及账号：中国工商银行南阳支行 566621385815618		

货物或应税劳务、服务名称	规格型号	单位	数量	单价	金额	税率	税额
机床A	CK6163	台	5	42 000.00	210 000.00	13%	27 300.00
机床B	CK6163	台	5	96 000.00	480 000.00	13%	62 400.00
合　计					￥690 000.00		￥89 700.00
价税合计（大写）	⊗柒拾柒万玖仟柒佰元整				（小写）￥779 700.00		

销售方	名　　　称：中信泰克机械有限公司	备注	
	纳税人识别号：91340221510121597A		
	地址、电话：江城市黄山东路 1258 号		
	开户行及账号：中国工商银行黄山路支行 134109024808825		

收款人：　　　　复核：　　　　开票人：许志　　　　销售方：（章）

第一联　记账联　销售方记账凭证

62-2

产品出库单

仓库：　　　　　　　　　　　　年　月　日　　　　　　　　　　　　编号：

编号	名称	规格	单位	数量		单价	金额
				应发	实发		
		合　　计					

主管：　　　　　　记账：　　　　　　保管：　　　　　　经办人：陆晓辉

② 财务

62-3

托收凭证（受理回单）1
委托日期 **2019** 年 **12** 月 **22** 日

	业务类型	委托收款（□邮划、☑电划）　　托收承付（□邮划、□电划）					
付款人	全　称	河南机械贸易公司		收款人	全　称	中信泰克机械有限公司	
	账　号	566621385815618			账　号	134109024808825	
	地　址	省南阳市县	开户行 工商银行南阳支行		地　址	省江城市县	开户行 工商银行黄山路支行
金额	人民币（大写）	柒拾柒万玖仟柒佰元整		亿千百十万千百十元角分 ¥ 7 7 9 7 0 0 0 0			
	款项内容	货款	托收凭据名称	发票	附寄单证张数		2
	商品发运情况	已发		合同名称号码			
	备注：		款项收妥日期				
	复核　　记账		年　月　日	收款人开户银行签章			年　月　日

中国工商银行黄山路支行
2019年12月22日
转

此联是收款人开户银行给收款人的受理回单

63-1

中国工商银行计算利息清单（收款通知）

单位名称：**中信泰克机械有限公司**　　2019 年 12 月 23 日　　账号：134109024808825

起息日期			结息日期			天数	积数	年利率	利息							
年	月	日	年	月	日				十万	千	百	十	元	角	分	
19	11	22	19	12	22	30		1.5‰		¥	3	8	0	0	0	

中国工商银行黄山路支行
2019年12月23日
转记

分录

记账

第一联　收入凭证

64-1

中国工商银行
现金支票存根
00081010

附加信息 _____

_____

出票日期　　　　　2019 年 12 月 23 日

收款人：本公司财务处
金　　额：￥6 000.00
用　　途：备用金

单位主管　　　　　　　　　　　　　会计

65-1

付款审批单

部门：_____　　　　　年　月　日

经手人		事　由		附单据
项目名称	金　额	付款方式	备　注	
合　计		大写金额		
单位负责人审批	财务主管	部门领导	出　纳	张

65-2

中国工商银行
现金支票存根
00081011

附加信息 _____

_____

出票日期　　　　　2019 年 12 月 23 日

收款人：朗能机械设备股份有限公司
金　　额：￥13 560.00
用　　途：安装费

单位主管　　　　　　　　　　　　　会计

65-3

浙江增值税专用发票
发票联
开票日期：2019 年 12 月 23 日

购买方	名称：中信泰克机械有限公司 纳税人识别号：91340221510121597A 地址、电话：江城市黄山东路1258号 开户行及账号：工商银行黄山路支行 134109024808825	密码区	略

货物或应税劳务、服务名称	规格型号	单位	数量	单价	金额	税率	税额
设备安装费					12 000.00	13%	1 560.00
合计					12 000.00		1 560.00

价税合计（大写）	⊗壹万叁仟伍佰陆拾元整	（小写）¥13 560.00

销售方	名称：朗能机械设备股份有限公司 纳税人识别号：91330207750384459W 地址、电话：杭州市玉皇山路24号 开户行及账号：工行玉皇山路支行 6220113090001823011	备注	

收款人：　　　　复核：　　　　开票人：朱文华　　　　销售方：（章）

66-1

固定资产交接单
2019 年 12 月 23 日

接收部门：第二车间

资产名称	规格型号	计量单位	数量	安装完工日期	实际成本					备注
					设备费	运杂费	安装费	利息	合计	

复核：　　　　制单：　　　　验收人：陶志颖

67-1

安徽增值税普通发票
记账联
开票日期：2019 年 12 月 24 日

购买方	名称：江城市再生资源厂 纳税人识别号：91340202652145901Y 地址、电话：江城市上海西路2150号 开户行及账号：工行上海路支行 134109024902235	密码区	略

货物或应税劳务、服务名称	规格型号	单位	数量	单价	金额	税率	税额
废钢铁		千克	110	10.00	1 100.00	13%	143.00
合计					¥1 100.00		¥143.00

价税合计（大写）	⊗壹仟贰佰肆拾叁元整	（小写）¥1 243.00

销售方	名称：中信泰克机械有限公司 纳税人识别号：91340221510121597A 地址、电话：江城市黄山东路1258号 开户行及账号：工行黄山路支行 134109024808825	备注	

收款人：　　　　复核：　　　　开票人：许志　　　　销售方：（章）

67-2

收 款 收 据

第三联：记账联　　　　　　2019 年 12 月 24 日

今收到	江城市再生资源厂		
人民币	壹仟贰佰肆拾叁元整	￥1 243.00	
系 付	下脚料收入		
单位盖章：	会计：	出纳：	经手人：程昱

(盖章：江城市再生资源 91340202652145901 财务专用章)

✂ - ✂

68-1

付 款 审 批 单

部门：＿＿＿＿＿＿＿＿　　　　　　　　　　年 月 日

经手人		事 由		附单据 张
项目名称	金 额	付款方式	备 注	
合 计		大写金额		
单位负责人审批	财务主管	部门领导	出 纳	

✂ - ✂

68-2

安徽增值税专用发票　　No 134020628978

发票联　　　　　　　　开票日期：2019 年 12 月 24 日

购买方	名　　　称：中信泰克机械有限公司 纳税人识别号：91340221510121597A 地 址、电 话：江城市黄山东路 1258 号 开户行及账号：工商银行黄山路支行 134109024808825	密码区	略

货物或应税劳务、服务名称	规格型号	单位	数量	单价	金　额	税率	税　额
咨询费					5 000.00	6%	300.00
合　计					￥5 000.00		￥300.00
价税合计（大写）	⊗伍仟叁佰元整				（小写） ￥5 300.00		

销售方	名　　　称：江城市新中天会计师事务所 纳税人识别号：91340207069088288Q 地 址、电 话：江城市北京路 358 号 开户行及账号：交行北京路支行 128809915023108024	备注	(盖章：江城市新中天会计师事务所 91340207069088288Q 发票专用章)

收款人：　　　复核：　　　开票人：赵晓文　　　销售方：（章）

69-1 付款审批单

部门：_____ 年 月 日

经手人		事 由	
项目名称	金 额	付款方式	备 注
合 计		大写金额	
单位负责人审批	财务主管	部门领导	出 纳

附单据 张

69-2 安徽增值税专用发票

发票联　　　开票日期：2019年12月24日

购买方	名　　　称：中信泰克机械有限公司 纳税人识别号：91340221510121597A 地址、电话：江城市黄山东路1258号 开户行及账号：中国工商银行黄山路支行 134109024808825	密码区	略

货物或应税劳务、服务名称	规格型号	单位	数量	单价	金 额	税率	税 额
合　计							
价税合计（大写）	⊗				（小写）		

销售方	名　　　称：新华贸易有限公司 纳税人识别号：91310454424542345B 地址、电话：经开区嘉新公路46号 开户行及账号：工行经开区支行 4563509048708098210	备注	（新华贸易有限公司 91310454424542345B 发票专用章）

收款人：　　　复核：　　　开票人：王卉　　　销售方：（章）

第三联 发票联 购买方记账凭证

69-3 收料单（记账凭单）

材料类别：_____　年 月 日　　收料仓库：_____

名称	规格	单位	数量		实际成本				计划成本	
			应收	实收	单价	金额	运费	其他	合计	单位成本	金额
合 计											

主管：　　　记账：　　　保管：　　　经办人：

② 财务

69-4

ICBC 中国工商银行
转账支票存根
0 2 3 9 0 0 4 4

附加信息＿＿＿＿＿＿＿＿＿＿＿＿＿＿＿＿＿
＿＿＿＿＿＿＿＿＿＿＿＿＿＿＿＿＿

出票日期　　　　　年　　月　　日

收款人：

金　额：

用　途：

单位主管　　　　　　　　会计

70-1

付 款 审 批 单

部门：＿＿＿＿＿＿＿　　　　年 月 日

经手人		事 由		
项目名称	金 额	付款方式	备 注	附单据　张
合 计		大写金额		
单位负责人审批	财务主管	部门领导	出 纳	

70-2

安徽增值税专用发票

发票联　　　开票日期：2019 年 12 月 24 日

购买方	名　　称：中信泰克机械有限公司 纳税人识别号：91340221510121597A 地　址、电　话：江城市黄山东路1258号 开户行及账号：中国工商银行黄山路支行 134109024808825	密码区	略

货物或应税劳务、服务名称	规格型号	单位	数量	单价	金　额	税率	税　额
燃煤		吨	10	300.00	3 000.00	13%	390.00
合　计					￥3 000.00	13%	￥390.00
价税合计（大写）	⊗叁仟叁佰玖拾元整				（小写）￥3 390.00		

销售方	名　　称：芜湖绿风煤炭有限公司 纳税人识别号：91340200076464224N 地　址、电　话：芜湖市幸福路10号 开户行及账号：交行幸福路支行 955880454573162101	备注	芜湖绿风煤炭有限公司 91340200076464224N 发票专用章

收款人：　　　复核：　　　开票人：李丹　　　销售方：（章）

70 – 3

中国工商银行 转账支票存根
ICBC
0 2 3 9 0 0 4 5

附加信息＿＿＿＿＿＿＿＿＿＿＿＿＿＿＿＿＿＿＿
＿＿＿＿＿＿＿＿＿＿＿＿＿＿＿＿＿＿＿＿＿＿＿

出票日期　　　　　　　　2019 年 12 月 24 日

收款人：芜湖绿风煤炭有限公司

金　额：¥3 390.00

用　途：购买煤炭

单位主管　　　　　　　　　　　　会计

---

71 – 1

水费分配计算表

2019 年 12 月 27 日

会计科目	明细科目	用量/立方米	分配金额
辅助生产成本	运输车间	480	2 400.00
辅助生产成本	供汽车间	760	3 800.00
制造费用	铸造车间	620	3 100.00
制造费用	金工车间	500	2 500.00
制造费用	装配车间	420	2 100.00
管理费用		820	4 100.00
合　　计		3 600	18 000.00

制表人：王慧

---

72 – 1

电费分配计算表

2019 年 12 月 27 日

会计科目	明细科目	用量/度	分配金额
基本生产成本	铁铸件	2 800	2 800.00
基本生产成本	铝铸件	1 960	1 960.00
基本生产成本	CK6163A 半成品	3 500	3 500.00
基本生产成本	CK6163B 半成品	4 200	4 200.00
基本生产成本	CK6163A 机床	2 800	2 800.00
基本生产成本	CK6163B 机床	2 100	2 100.00
辅助生产成本	运输车间	2 240	2 240.00
辅助生产成本	供汽车间	3 360	3 360.00
制造费用	铸造车间	2 800	2 800.00
制造费用	金工车间	2 940	2 940.00
制造费用	装配车间	2 100	2 100.00
管理费用	工资	4 200	4 200.00
合　　计		35 000	35 000.00

制表人：王慧

73-1

期末资产减值计算表

2019 年 12 月 27 日

名称：

项目	数量	单位成本	应分摊的成本差异	合计	应计提的资产减值损失
实际成本					
可变现净值		4 000.00	—		

制表人：朱倩倩

74-1

发出材料成本差异计算表

年　月　　　　　　　　　　　　　　　　　　　　　　　　单位：元

领用部门及用途	原材料及主要材料			辅助材料			合计
	计划成本	差异率	差异额	计划成本	差异率	差异额	
合计							

复核：　　　　　　　　　　　　　　　制单：

74-2

发出材料成本差异计算表

年　月　　　　　　　　　　　　　　　　　　　　　　　　单位：元

领用部门及用途	原材料及主要材料			辅助材料			合计
	计划成本	差异率	差异额	计划成本	差异率	差异额	
合计							

复核：　　　　　　　　　　　　　　　制单：

75－1

付款审批单

部门：＿＿＿＿＿＿＿＿   年 月 日

经手人		事　由		
项目名称	金　额	付款方式	备　注	附单据　　张
合　计		大写金额		
单位负责人审批	财务主管	部门领导	出　纳	

75－2

ICBC 中国工商银行
转账支票存根
02390046

附加信息＿＿＿＿＿＿＿＿＿＿＿＿＿＿＿＿＿＿＿＿＿
　　　　＿＿＿＿＿＿＿＿＿＿＿＿＿＿＿＿＿＿＿＿＿
　　　　＿＿＿＿＿＿＿＿＿＿＿＿＿＿＿＿＿＿＿＿＿

出票日期　　　　　　　年　　月　　日

| 收款人： |
| 金　额： |
| 用　途： |

单位主管　　　　　　　　　　　　　会计

75－3

工会经费专用收据

　　　　　　　　第三联：收据联　　　　2019 年 12 月 28 日

| 今收到＿＿财务处＿＿＿＿＿＿＿＿＿＿＿＿＿＿＿＿＿＿＿＿＿ |
| 人民币(大写)＿壹万元整＿＿＿＿＿＿＿＿　￥ 10 000.00 |
| 系　付＿＿元旦联谊晚会活动经费＿＿＿＿＿＿＿＿＿＿＿＿＿ |

(盖章：中信泰克机械有限公司 工会)

单位盖章：　　　　会计：　　　　出纳：　　　　经手人：方辉

76 – 1

银行借款利息计算表
年　月　日

借款名称	借款金额	计息月份	借款利率	借款利息
短期借款		12 月	6‰	
长期借款		12 月	7‰	
利　息　合　计				

77 – 1

辅助生产费用分配表
年　月

辅助生产车间名称			运输车间	供汽车间	合计
待分配费用					
辅助生产部门以外劳务受益量					
分配率					
制造费用	铸造车间	耗用量			
		分配额			
	金工车间	耗用量			
		分配额			
	装配车间	耗用量			
		分配额			
管理费用		耗用量			
		分配额			
合　计					

复核：　　　　　　　　　　　　　　　　制单：

78 – 1

制造费用分配表
年　月

车间名称：

分配对象	分配标准	分配率	分配金额
合　计			

复核：　　　　　　　　　　　　　　　　制单：

79－1

制造费用分配表
年　月

车间名称：

分配对象	分配标准	分配率	分配金额
合　计			

复核：　　　　　　　　　　　　　　　　　　　　制单：

80－1

制造费用分配表
年　月

车间名称：

分配对象	分配标准	分配率	分配金额
合　计			

复核：　　　　　　　　　　　　　　　　　　　　制单：

附件

制造费用分配表
年　月

车间名称：

分配对象	分配标准	分配率	分配金额
合　计			

复核：　　　　　　　　　　　　　　　　　　　　制单：

81-1

完工产品成本计算表

年　月　日

成本项目	产品名称： 产量：		产品名称： 产量：		合计
	总成本	单位成本	总成本	单位成本	
合　计					

复核：　　　　　　　　　　　　　　　　制单：

82-1

自制半成品发出成本计算表

户名：　　　　　　　　　年　月　日　　　　　　　　　单位：件

月份	月初余额		本月增加		合　　计			本月减少	
	数量	实际成本	数量	实际成本	数量	单价	实际成本	数量	实际成本

复核：　　　　　　　　　　　　　　　　制单：

82-2

自制半成品发出成本计算表

户名：　　　　　　　　　年　月　日　　　　　　　　　单位：件

月份	月初余额		本月增加		合　　计			本月减少	
	数量	实际成本	数量	实际成本	数量	单价	实际成本	数量	实际成本

复核：　　　　　　　　　　　　　　　　制单：

附件

自制半成品发出成本计算表

户名：　　　　　　　　　　　　年　月　日　　　　　　　　　　　　单位：件

月份	月初余额		本月增加		合　计			本月减少	
	数量	实际成本	数量	实际成本	数量	单价	实际成本	数量	实际成本

复核：　　　　　　　　　　　　　　　制单：

83-1

领料汇总表
年　月　日

领料部门及用途	材　料　名　称							
	电机A	电机B	轴承A	轴承B	电子元件	标准件	木箱	合计
CK6163A								
CK6163B								
合　计								

复核：　　　　　　　　　　　　　　　制单：

84-1

基本生产成本明细账

产品名称：

年		摘　要	半成品	直接人工	制造费用	合　计
月	日					
		月初在产品成本				
		本月发生费用				
		合　计				
		完工数量+约当产量				
		单位成本				
		应结转完工产品份额				
		月末在产品成本				

84-2

基本生产成本明细账

产品名称：

年		摘　要	半成品	直接人工	制造费用	合　计
月	日					
		月初在产品成本				
		本月发生费用				
		合　计				
		完工数量＋约当产量				
		单位成本				
		应结转完工产品份额				
		月末在产品成本				

85-1

基本生产成本明细账

产品名称：

年		摘　要	半成品	直接材料	直接人工	制造费用	合计
月	日						
		月初在产品成本					
		本月发生费用					
		合　计					
		完工数量＋约当产量					
		单位成本					
		应结转完工产品份额					
		月末在产品成本					

85-2

基本生产成本明细账

产品名称：

年		摘　要	半成品	直接材料	直接人工	制造费用	合计
月	日						
		月初在产品成本					
		本月发生费用					
		合　计					
		完工数量＋约当产量					
		单位成本					
		应结转完工产品份额					
		月末在产品成本					

86－1

销售成本计算表

年　月　日

产品名称	月初结存		本月入库		本月发出			
					其他发出		销售	
	数量	总成本	数量	总成本	数量	总成本	数量	总成本
CK6163A								
CK6163B								
合　计								

86－2

销售成本计算表

年　月　日

产品名称	月初结存		本月入库		本月发出			
					其他发出		销售	
	数量	总成本	数量	总成本	数量	总成本	数量	总成本
CK6163A								
CK6163B								
合　计								

87－1

应交增值税计算表

年　月　日至　年　月　日　　　　　　单位：元

项　　目			计税金额	税率	税额
销项	应税货物或劳务	货物名称			
		小计			
	应税服务	劳务名称			
		小计			
进项	本期进项税额发生额				
	进项税额转出				
	1.				
	2.				
应纳税额					

会计主管：　　　　　　　　　　复核：　　　　　　　　　　制表：

88-1

应交城建税计算表

年 月 日至 年 月 日　　　　　　　　　　　　　　单位：元

项目	计税基数		税率	应交城建税
	增值税	消费税		
	1	2	3	4＝(1＋2)×3
合　计				

会计主管：　　　　　　　　　复核：　　　　　　　　　制表：

88-2

应交教育费附加计算表

年 月 日至 年 月 日　　　　　　　　　　　　　　单位：元

项目	计税基数		附加率	应交教育费附加
	增值税	消费税		
	1	2	3	4＝(1＋2)×3
合　计				

会计主管：　　　　　　　　　复核：　　　　　　　　　制表：

89-1

坏账准备提取计算表

年 月 日

"应收账款"科目年末余额	坏账准备提取比率	计算应提取的坏账准备	"坏账准备"调整前余额	实际应提取的坏账准备
合　计				

会计主管：　　　　　　　　　复核：　　　　　　　　　制表：

90-1

付款审批单

部门：_____　　　　　　　　年　月　日

经手人			事　由		
项目名称	金　额		付款方式	备　注	附单据　张
合　计			大写金额		
单位负责人审批	财务主管		部门领导	出　纳	

90-2

公益性单位接受捐赠统一收据
UNIFIED INVOICE OF DONATION FOR PUBLIC WELFARE ORGANIZATION

国财　　　　　　　　　2019 年 12 月 31 日　　　　　　　(04)No.50789713
　　　　　　　　　　　　　Y　　M　　D

捐赠者 Donor	中信泰克机械有限公司
捐赠项目 For Purpose	希望工程捐款
捐赠金额(实物价值) 大写 Total Amount In Words	零佰贰拾零万零仟零佰零拾零元零角零分
小写 IN Figures	￥200 000.00　　￥ 2 0 0 0 0 0 0 0
货币(实物)种类 Currency (Material Objects)	
备注 Notes	

接收单位(签章)　　审核　　　　经手人　　　　　　支票号
Receiver's Seal　　Verified by　Handling Person　Cheque No

第二联 捐赠者 Second Donor

90-3

ICBC 中国工商银行
转账支票存根
0 2 3 0 0 0 4 7

附加信息_____

出票日期　　　　　2019 年 12 月 31 日

收款人：安徽省红十字基金会
金　额：￥200 000.00
用　途：希望工程捐款

单位主管　　　　　　　　　　　会计

91-1　库存现金盘点报告表

年　月　日

实存金额	账存金额	实存与账存对比		备 注
		盘盈（长款）	盘亏（短款）	

盘点人：　　　　　　　　　　　　出纳：

-----✂-----

91-2　关于财产清查结果的处理意见

财务部：
　　你部上报的财产清查结果情况，经研究做出如下处理意见：
　　1. 发现假币 50 元，经批准列入费用。
　　2. 以后加强技能学习，提高假币识别能力。

财务经理：夏海涛
2019 年 12 月 31 日

-----✂-----

92-1　长期待摊费用摊销表

2019 年 12 月 31 日

项　目	应计摊销额
固定资产租赁费	2 000.00
合　计	2 000.00

会计主管：　　　　会计：　　　　审核：　　　　制表人：吴华为

-----✂-----

93-1　结转当期损益前收支账户余额表

年　月　　　　　　　　　单位：元

项　目	金　额
主营业务收入	
其他业务收入	
投资收益	
营业外收入	
合　计	

94-1

结转当期损益前支出类账户余额表

年　月　　　　　　　　单位：元

项　目	金　额
主营业务成本	
公允价值变动收益	
其他业务成本	
税金及附加	
销售费用	
管理费用	
财务费用	
资产减值损失	
信用减值损失	
营业外支出	
所得税费用	
合　计	

95-1

企业所得税计算表

2019年　　　　　　　　　　　　　　　　　单位：元

项　目	本年数	项　目	本年数
一、营业收入		三、利润总额	
减：营业成本		加：纳税调整增加额	
税金及附加		1.	
销售费用		2.	
管理费用		3.	
财务费用		减：纳税调整减少额	
资产减值损失		1.	
信用减值损失			
加：公允价值变动收益		2.	
投资收益		3.	
二、营业利润		四、应纳税所得额	
加：营业外收入		适用税率	
减：营业外支出		五、本期应纳税所得额	

会计主管：　　　　　　　　复核：　　　　　　　　制表：

97-1

利润分配计算表

2019年度

项　目	利润分配基数	分配比例	分配金额
法定盈余公积金		10%	
合　计			

会计主管：　　　　　　　　复核：　　　　　　　　制表：

98-1

利润分配计算表
2019 年度

项 目	利润分配基数	分配比例	分配金额
对外分配利润		50%	
合 计			

会计主管：　　　　　　　　复核：　　　　　　　　制表：

99-1

"利润分配——未分配利润"结转计算表
2019 年度

会计科目名称	本年利润年末余额		转入未分配利润	
	借方	贷方	借方	贷方
本年利润			—	—
利润分配—未分配利润	—	—		
合 计				

会计主管：　　　　　　　　复核：　　　　　　　　制表：

100-1

"利润分配——未分配利润"结转计算表
2019 年度

项 目	转入未分配利润借方发生额	已分配利润借方发生额
利润分配——未分配利润		
利润分配——提取法定盈余公积		—
利润分配——应付股利（或利润）		—
合 计		

会计主管：　　　　　　　　复核：　　　　　　　　制表：

任务八　编制会计报表

利　润　表

会企02表
编制单位： 2019年12月　　　　　单位：元

项　目	本期金额	上期金额
一、营业收入		
减：营业成本		
税金及附加		
销售费用		
管理费用		
研发费用		
财务费用		
其中：利息费用		
利息收入		
加：其他收益		
投资收益（损失以"－"填列）		
其中：对联营企业和合营企业的投资收益		
以摊余成本计量的金融资产终止确认收益（损失以"－"号填列）		
净敞口套期收益（损失以"－"号填列）		
公允价值变动收益（损失以"－"号填列）		
信用减值损失（损失以"－"填列）		
资产减值损失（损失以"－"填列）		
资产处置收益（损失以"－"填列）		
二、营业利润（亏损以"－"号填列）		
加：营业外收入		
减：营业外支出		
三、利润总额（亏损总额以"－"号填列）		
减：所得税费用		
四、净利润（净亏损以"－"号填列）		
（一）持续经营净利润（净亏损以"－"号填列）		
（二）终止经营净利润（净亏损以"－"号填列）		
五、其他综合收益的税后净额		
六、综合收益总额		
七、每股收益：		
（一）基本每股收益		
（二）稀释每股收益		

单位负责人：　　　　　　　财务负责人：　　　　　　　制表人：

资产负债表

会企01表
单位：元

编制单位：　　　　　　　　　　年　月　日

资产	期末余额	年初余额	负债和所有者权益（或股东权益）	期末余额	年初余额
流动资产：			流动负债：		
货币资金			短期借款		
交易性金融资产			交易性金融负债		
衍生金融资产			衍生金融负债		
应收票据			应付票据		
应收账款			应付账款		
应收款项融资			预收款项		
预付款项			合同负债		
其他应收款			应付职工薪酬		
存货			应交税费		
合同资产			其他应付款		
持有待售资产			持有待售负债		
一年内到期的非流动资产			一年内到期的非流动负债		
其他流动资产			其他流动负债		
流动资产合计			**流动负债合计**		
非流动资产：			非流动负债：		
债权投资			长期借款		
其他债权投资			应付债券		
长期应收款			其中：优先股		
长期股权投资			永续债		
其他权益工具投资			长期应付款		
其他非流动金融资产			预计负债		
投资性房地产			递延收益		
固定资产			递延所得税负债		
在建工程			其他非流动负债		
生产性生物资产			**非流动负债合计**		
使用权资产			**负债合计**		
油气资产			所有者权益（或股东权益）：		
无形资产			实收资本（或股本）		
开发支出			其他权益工具		

续 表

资　产	期末余额	年初余额	负债和所有者权益（或股东权益）	期末余额	年初余额
商誉			其中：优先股		
长期待摊费用			永续债		
递延所得税资产			资本公积		
其他非流动资产			减：库存股		
非流动资产合计			其他综合收益		
			专项储备		
			盈余公积		
			未分配利润		
			所有者权益（或股东权益）合计		
资产总计			**负债和所有者权益（或股东权益）合计**		

单位负责人：　　　　　　　　　　财务负责人：　　　　　　　　　　制表人：

任务九　会计信息化部分

一、会计信息化技能实训要求

（1）根据资料建立账套。
（2）根据资料进行账套初始化设置。
（3）按要求规定的操作员处理日常业务，填制相关记账凭证。
（4）按要求规定的操作员对相关凭证进行出纳签字。
（5）按要求规定操作员对相关凭证进行审核。
（6）按要求规定操作员进行记账。
（7）完成期末对账工作。
（8）使用报表子系统中报表模板编制该公司的资产负债表，并将报表命名为"组号＋资产负债表"保存。
（9）使用报表子系统中报表模板编制该公司的利润表，将报表命名为"实训组号＋利润表"并保存。

二、实训期初建账资料

系统日期 2019 年 12 月 1 日

（一）建账

1. 账套信息

账套号：实训组号（三位数，如：001）；账套名称：中信泰克机械有限公司。
单位名称：中信泰克机械有限公司；单位简称：中信泰克。单位其他信息如下：
（1）企业地址：江城市黄山东路 1258 号。
（2）开户银行：中国工商银行黄山路支行，账号 134109024808825。
（3）纳税人识别号：913402215510121597A。
（4）企业法人代表：郝友顺。
（5）财务经理：何伟忠。

2. 核算类型

记账本位币：人民币（RMB）；企业类型：工业；行业性质：2019 年会计制度科目；账套主管：默认；要求按行业性质预制会计科目。

3. 基础信息

该企业无外币核算，无分类。

4. 分类编码方案

科目编码 4-2-2-2，其余采用系统默认编码方案。

5. 数据精度

该企业对存货数量、单价的小数位数定为 2。

6. 立即启用总账

启用时间为 2019 年 12 月 1 日。

(二) 增加用户并对用户授权

增加用户与用户授权内容如表9-1所示。

表9-1 增加用户与用户授权

编 号	姓 名	权 限 规 定
001	自己学号	账套主管
002	自己姓名	具有"总账—凭证—凭证处理、审核凭证、查询凭证、科目汇总";具有"总账—期末—转账设置、转账生成"权限
003	刘阳	具有出纳权限,以及出纳签字权限

(三) 以账套主管身份登录企业应用平台进行基础档案设置

1. 设置部门档案

部门档案设置资料如表9-2所示。

表9-2 部门档案设置

部门编码	部门名称	部门编码	部门名称
1	财务部	7	运输车间
2	业务部	8	辅助部门
3	基本生产车间	801	办公室
4	铸造车间	802	工会
5	金工车间	803	医务所
6	供汽车间		

2. 设置职员档案

职员档案设置资料如表9-3所示。

表9-3 职员档案设置

职员编码	职员名称	性 别	所属部门	状 态	类 别
101	自己学号		财务部	在职	正式工
102	自己姓名		财务部	在职	正式工
103	刘阳	女	财务部	在职	正式工
104	何伟忠	男	财务部	在职	正式工
201	李明	男	业务部	在职	正式工
801	刘红	女	办公室	在职	正式工

3. 增加客户档案

客户档案设置资料如表9-4所示。

表 9-4　客户档案设置

客户编码	客户简称	客户编码	客户简称
01	南华电机公司	04	新新机械厂
02	苏北电器股份公司	05	江城机电贸易公司
03	常州电机有限公司	06	河南机械贸易公司

4. 增加供应商档案

供应商档案设置资料如表 9-5 所示。

表 9-5　供应商档案设置

供应商编码	供应商名称	供应商编码	供应商名称
01	江城市自来水公司	04	铜城有色金属公司
02	江城市供电公司	05	新元贸易公司
03	江城钢铁厂	06	南京机电股份有限公司

5. 设置结算方式

结算方式设置资料如表 9-6 所示。

表 9-6　结算方式设置

结算方式编码	结算方式名称	票据管理
1	汇兑	否
2	支票	否
201	转账支票	是
202	现金支票	是
3	其他	否

6. 凭证类型设置

凭证类型设置资料如表 9-7 所示。

表 9-7　凭证类型设置

类型	限制类型	限制科目
记账凭证	无	无

7. 设置总账系统参数

总账系统参数设置资料如表 9-8 所示。

表 9-8　总账系统参数设置

选项卡	参数设置
凭证	不许修改、作废他人填制的凭证； 出纳凭证无须经由出纳签字； 赤字控制全部科目
其他	单价小数位设为 2 位；其他采用默认值； 部门、个人、项目编码方式排序

(四) 根据需要增加科目、修改科目

1. 需要增加的科目

需增加科目的情况如表9-9所示。

表9-9　需增加科目

科目代码	科目名称	方向	辅助账类型	计量单位
101201	外埠存款	借		
101202	存出投资款	借		
110101	成本	借		
110102	公允价值变动	借		
140301	原料及主要材料	借		
14030101	生铁	借	数量核算	吨
14030102	铝锭	借	数量核算	吨
14030103	钢材	借	数量核算	吨
140302	辅助材料	借	数量核算	千克
14030201	润滑油	借	数量核算	千克
14030202	油漆	借	数量核算	千克
140303	外购件	借		
14030301	电动机A型	借	数量核算	台
14030302	电动机B型	借	数量核算	台
14030303	轴承A型	借	数量核算	套
14030304	轴承B型	借	数量核算	套
14030305	电器元件	借	数量核算	套
14030306	标准件	借	数量核算	套
14030307	木箱	借	数量核算	个
141101	在库	借		
14110101	办公桌	借	数量核算	张
14110102	办公椅	借	数量核算	张
14110103	工作服	借	数量核算	套
14110104	电磨具	借	数量核算	台
141102	摊销	借		
141103	在用	借		
14110301	办公桌	借		
14110302	办公椅	借		
14110303	工作服	借		

续 表

科目代码	科目名称	方向	辅助账类型	计量单位
14110304	电磨具	借		
1412	自制半成品	借		
141201	铁铸件	借	数量核算	件
141202	铝铸件	借	数量核算	件
140501	CK6163A机床	借	数量核算	台
140502	CK6163B机床	借	数量核算	台
140401	原料及主要材料类	借		
140402	辅助材料类	借		
151101	成本	借		
151102	损益调整	借		
151103	其他权益变动	借		
222101	应交增值税	贷		
22210101	进项税额	借		
22210105	销项税额	贷		
22210106	转出未交增值税	贷		
222102	未交增值税	贷		
222104	应交消费税	贷		
222106	应交企业所得税	贷		
222108	应交城市维护建设税	贷		
222112	应交个人所得税	贷		
222113	应交教育费附加	贷		
221101	工资	贷		
221102	职工福利费	贷		
221103	社会保险费	贷		
221104	工会经费	贷		
221105	职工教育经费	贷		
221106	非货币性福利	贷		
221107	住房公积金	贷		
410402	提取法定盈余公积	贷		
410410	应付股利	贷		
410415	未分配利润	贷		

续 表

科目代码	科 目 名 称	方向	辅助账类型	计量单位
660201	材料费	支出		
660202	人工费	支出		
660203	折旧费	支出		
660204	业务招待费	支出		
660205	保险费	支出		
660206	水电费	支出		
660207	运输费	支出		
660208	报刊杂志费	支出		
660209	其他	支出		
510101	铸造车间	借		
51010101	材料费	借		
51010102	人工费	借		
51010103	折旧费	借		
51010104	水电费	借		
51010105	其他	借		
510102	金工车间	借		
51010201	材料费	借		
51010202	人工费	借		
51010203	折旧费	借		
51010204	水电费	借		
51010205	其他	借		
510103	装配车间	借		
51010301	材料费	借		
51010302	人工费	借		
51010303	折旧费	借		
51010304	水电费	借		
51010305	其他	借		
5003	辅助生产成本	借		
500301	运输车间	借		
50030101	材料费	借		
50030102	人工费	借		

续 表

科目代码	科目名称	方向	辅助账类型	计量单位
50030103	折旧费	借		
50030104	水电费	借		
50030105	其他	借		
500302	供汽车间	借		
50030201	材料费	借		
50030202	人工费	借		
50030203	折旧费	借		
50030204	水电费	借		
50030205	其他	借		
5001	基本生产成本	借	修改"生产成本"	
500101	CK6163A 半成品	借		
50010101	半成品	借		
50010102	直接人工	借		
50010103	制造费用	借		
500102	CK6163B 半成品	借		
50010201	半成品	借		
50010202	直接人工	借		
50010203	制造费用	借		
500103	CK6163A 机床	借		
50010301	半成品	借		
50010302	直接材料	借		
50010303	直接人工	借		
50010304	制造费用	借		
500104	CK6163B 机床	借		
50010401	半成品	借		
50010402	直接材料	借		
50010403	直接人工	借		
50010404	制造费用	借		
500105	铁铸件	借		
500106	铝铸件	借		

2. 需要修改的科目

需修改科目的情况如表 9－10 所示。

表 9－10 需修改科目

科目代码	科目名称	修改内容	
		辅助账类型	受控系统
1121	应收票据	客户往来	取消
1122	应收账款	客户往来	取消
1123	预付账款	供应商往来	取消
2201	应付票据	供应商往来	取消
2202	应付账款	供应商往来	取消
2203	预收账款	客户往来	取消
6403	营业税金及附加	修改为:"税金及附加"	

(五) 2018 年 12 月会计科目发生额及期初余额

1. 损益类账户 1—11 月份累计发生数

损益类账户 1—11 月份累计发生数情况如表 9－11 所示。

表 9－11 损益类账户 1—11 月累计发生数

项目	1—11 月累计发生数	
	借方	贷方
主营业务收入		34 682 000.00
主营业务成本	25 277 096.18	
税金及附加	308 870.86	
其他业务收入		1 111.11
其他业务成本		
销售费用	1 931 150.00	
管理费用(其他)	4 645 716.78	
财务费用	113 719.57	
投资收益		48 000.00
营业外收入		24 000.00
营业外支出	66 277.78	
所得税费用		
合　　计	32 342 831.17	34 755 111.11

2. 12 月月初总账账户余额

12 月月初总账账户余额的情况如表 9－12 所示。

表 9-12　12月月初总账账户余额

会计科目	借方	贷方
库存现金	7 434.80	
银行存款	4 098 627.89	
其他货币资金	535 344.00	
交易性金融资产	255 000.00	
应收票据	365 000.00	
应收账款	1 205 100.00	
其他应收款	3 000.00	
坏账准备		14 600.00
材料采购	0.00	
原材料	709 426.66	
周转材料	17 550.00	
材料成本差异	17 768.51	
自制半成品	375 278.16	
库存商品	2 706 330.37	
存货跌价准备		
长期待摊费用	22 000.00	
长期股权投资	500 000.00	
固定资产	14 508 440.00	
固定资产清理	0.00	
累计折旧		3 558 475.70
无形资产	128 205.13	
累计摊销		5 341.90
在建工程		
待处理财产损溢		
短期借款		1 304 200.00
应付票据		377 868.00
应付账款		69 400.00
应付职工薪酬		201 038.81
应付股利		
应付利息		26 125.20
应交税费		328 967.02
其他应付款		

续 表

会 计 科 目	借 方	贷 方
长期借款		3 000 000.00
实收资本		14 000 000.00
资本公积		460 000.00
盈余公积		167 100.00
本年利润		2 412 279.94
利润分配		563 000.00
基本生产成本	1 033 891.05	
辅助生产成本		
制造费用		
主营业务收入		
主营业务成本		
税金及附加		
其他业务收入		
其他业务成本		
销售费用		
管理费用		
财务费用		
投资收益		
营业外收入		
营业外支出		
所得税费用		
资产减值损失		
公允价值变动损益		
合 计	26 488 396.57	26 488 396.57

3．其他相关明细余额

(1)"原材料"明细账资料如表9-13所示。

表9-13 "原材料"明细账(按计划成本核算)

二级科目	明细科目	计量单位	数 量	计划单价	金 额
原料及主要材料	生铁	吨	63.00	3 500	220 500.00
	铝锭	吨	26.20	12 000	314 400.00
	钢材	吨	10.00	5 000	50 000.00

续表

二级科目	明细科目	计量单位	数量	计划单价	金额
辅助材料	润滑油	千克	100.00	100.00	10 000.00
	油漆	千克	250.00	60	15 000.00
合计					609 900.00

（2）"材料成本差异"明细账资料如表9-14所示。

表9-14 "材料成本差异"明细账（按计划成本核算）

明细科目	计划成本	差异金额	差异率
原料及主要材料类	584 900.00	16 917.41	2.89%
辅助材料类	25 000.00	851.10	3.40%
合计	609 900.00	17 768.51	——

（3）"原材料"明细账资料如表9-15所示。

表9-15 "原材料"明细账（按实际成本核算）

二级科目	明细科目	计量单位	数量	实际单价	金额
外购件	电动机A型	台	5	1 980	9 900.00
	电动机B型	台	6	2 800	16 800.00
	轴承A型	套	10	1 450	14 500.00
	轴承B型	套	2	2 000	4 000.00
		套	6	1 900	11 400.00
	电器元件	套	10	1 596.666	15 966.66
	标准件	套	3	1 600	4 800.00
		套	12	1 580	18 960.00
	木箱	个	10	320	3 200.00
合计					99 526.66

（4）"周转材料——在库"明细账资料如表9-16所示。

表9-16 "周转材料——在库"明细账（按实际成本核算）

明细科目	计量单位	数量	实际单价	金额
办公桌	张	8	400	3 200.00
工作服	套	5	380	1 900.00
电磨具	台	2	1 500	3 000.00
合计				8 100.00

(5)"自制半成品"明细账资料如表 9-17 所示。

表 9-17 "自制半成品"明细账(按实际成本核算)

明细科目	计量单位	数量	实际单价	金额
铁铸件	件	24	7 144.54	171 468.96
铝铸件	件	42	4 852.60	203 809.20
合计				375 278.16

(6)"库存商品"明细账资料如表 9-18 所示。

表 9-18 "库存商品"明细账(按实际成本核算)

明细科目	计量单位	数量	实际单价	金额
CK6163A 机床	台	29	36 077.78	1 046 255.62
CK6163B 机床	台	27	61 484.25	1 660 074.75
合计				2 706 330.37

(7)三栏式明细账户余额情况如表 9-19 所示。

表 9-19 三栏式明细账户余额表

总账账户	明细账户	借方余额	贷方余额
其他货币资金		535 344.00	
	外埠存款	455 000.00	
	存出投资款	80 344.00	
交易性金融资产		255 000.00	
	成本	225 000.00	
	公允价值变动	30 000.00	
应收票据		365 000.00	
	新新机械厂 凭证号:记—112 摘要:销售 日期:2019-10-30	145 000.00	
	江城机电贸易公司 凭证号:记—116 摘要:销售 日期:2019-11-20	220 000.00	
应收账款		1 205 100.00	
	南华电机公司 凭证号:记—98 摘要:销售 日期:2019-10-09	997 100.00	

续 表

总账账户	明细账户	借方余额	贷方余额
	苏北电器股份公司 凭证号：记—95 摘要：销售 日期：2019-09-10	78 000.00	
	常州电机有限公司 凭证号：记—20 摘要：销售 日期：2019-11-10	130 000.00	
周转材料		9 450.00	
	摊销		7 450.00
	在用——办公桌	9 000.00	
	在用——办公椅	3 000.00	
	在用——工作服	1 900.00	
	在用——电磨具	3 000.00	
长期股权投资		500 000.00	
	成本	550 000.00	
	损益调整		50 000.00
	其他权益变动		
应付账款			69 400.00
	江城市自来水公司 凭证号：记—19 摘要：供水 日期：2019-11-28		26 000.00
	江城市供电总公司 凭证号：记—104 摘要：供电 日期：2019-11-20		43 400.00
应付票据			377 868.00
	江城钢铁厂 凭证号：记—49 摘要：采购 日期：2019-10-30		167 800.00
	铜城有色金属公司 凭证号：记—56 摘要：采购 日期：2019-09-25		210 068.00
应付职工薪酬			201 038.81
	工资		
	职工福利费		

续 表

总账账户	明细账户	借方余额	贷方余额
	社会保险费		140 000.00
	工会经费		
	职工教育经费		61 038.81
	非货币性福利		
应交税费			328 967.02
	应交增值税		
	未交增值税		488 708.56
	应交企业所得税	212 000.00	
	应交个人所得税		3 387.60
	应交城市维护建设税		34 209.60
	应交教育费附加		14 661.26
利润分配			
	提取法定盈余公积		
	应付股利		
	未分配利润		563 000.00

（8）基本生产成本明细账资料如表9-20、表9-21、表9-22和表9-23所示。

表9-20 基本生产成本明细账

车间名称：金工车间　　　　在产品数量：8件　　　　产品名称：CK6163A 半成品

2019年		凭证字号	摘要	成本项目			合计
月	日			半成品	直接人工	制造费用	
12	1		月初在产品成本	99 408.96	34 760.00	16 477.60	150 646.56

表9-21 基本生产成本明细账

车间名称：金工车间　　　　在产品数量：9件　　　　产品名称：CK6163B 半成品

2019年		凭证字号	摘要	成本项目			合计
月	日			半成品	直接人工	制造费用	
12	1		月初在产品成本	226 758.84	38 902.30	20 817.79	286 478.93

表9-22 基本生产成本明细账

车间名称：装配车间　　　　在产品数量：6件　　　　产品名称：CK6163A 机床

2019年		凭证字号	摘要	成本项目				合计
月	日			半成品	直接材料	直接人工	制造费用	
12	1		月初在产品成本	145 249.12	52 776.07	5 085.00	6 702.28	209 812.47

表 9-23　基本生产成本明细账

车间名称：装配车间　　　　　在产品数量：7 件　　　　　产品名称：CK6163B 机床

2019 年		凭证字号	摘　要	成 本 项 目				合　计
月	日			半成品	直接材料	直接人工	制造费用	
12	1		月初在产品成本	310 163.40	55 241.62	10 041.20	11 506.87	386 953.09

三、进行公司日常业务处理

【操作要求】

(1) 根据手工资料部分，以 002 身份进行填制凭证、查询凭证、查询账簿的操作。

(2) 以 001 的身份进行审核、记账；以姓名进行转账生成损益类账户余额，结转到本年利润，并编制相关分录。

(3) 以 001 的身份进行凭证审核、对账、记账、账簿查询的操作。

四、报表部分

(1) 进入报表模块，利用报表模板生成资产负债表，保存到自己的文件夹，保存名称：组号＋报表名。(注意公式)

(2) 进入报表模块，利用报表模板生成利润表，保存到自己的文件夹，保存名称：组号＋报表名。

附录　会计模拟实训用空白凭证、账页及其他资料

记 账 凭 证

年　　月　　日

总　号：
分　号：

摘　要	会计科目		借方金额	贷方金额	记账符号
	一级科目	明细科目			
合　　计					

附件　　张

会计主管：　　　记账：　　　审核：　　　出纳：　　　制单：

记 账 凭 证

年　　月　　日

总　号：
分　号：

摘　要	会计科目		借方金额	贷方金额	记账符号
	一级科目	明细科目			
合　　计					

附件　　张

会计主管：　　　记账：　　　审核：　　　出纳：　　　制单：

记 账 凭 证

年　　月　　日

总　号：
分　号：

摘　要	会计科目		借方金额	贷方金额	记账符号
	一级科目	明细科目			
合　　计					

附件　　张

会计主管：　　　记账：　　　审核：　　　出纳：　　　制单：

记 账 凭 证

年　月　日

总　号	
分　号	

摘　要	会计科目		借方金额	贷方金额	记账符号
	一级科目	明细科目			
合　计					

附件　　张

会计主管：　　　　记账：　　　　审核：　　　　出纳：　　　　制单：

记 账 凭 证

年　月　日

总　号	
分　号	

摘　要	会计科目		借方金额	贷方金额	记账符号
	一级科目	明细科目			
合　计					

附件　　张

会计主管：　　　　记账：　　　　审核：　　　　出纳：　　　　制单：

记 账 凭 证

年　月　日

总　号	
分　号	

摘　要	会计科目		借方金额	贷方金额	记账符号
	一级科目	明细科目			
合　计					

附件　　张

会计主管：　　　　记账：　　　　审核：　　　　出纳：　　　　制单：

记 账 凭 证

　　年　　月　　日

总　号	
分　号	

摘　要	会计科目		借方金额	贷方金额	记账符号
	一级科目	明细科目			
合　计					

附件　　张

会计主管：　　　　记账：　　　　审核：　　　　出纳：　　　　制单：

记 账 凭 证

　　年　　月　　日

总　号	
分　号	

摘　要	会计科目		借方金额	贷方金额	记账符号
	一级科目	明细科目			
合　计					

附件　　张

会计主管：　　　　记账：　　　　审核：　　　　出纳：　　　　制单：

记 账 凭 证

　　年　　月　　日

总　号	
分　号	

摘　要	会计科目		借方金额	贷方金额	记账符号
	一级科目	明细科目			
合　计					

附件　　张

会计主管：　　　　记账：　　　　审核：　　　　出纳：　　　　制单：

记 账 凭 证

总 号：
分 号：

年　月　日

摘　要	会计科目		借方金额	贷方金额	记账符号
	一级科目	明细科目			
合　计					

附件　张

会计主管：　　　记账：　　　审核：　　　出纳：　　　制单：

记 账 凭 证

总 号：
分 号：

年　月　日

摘　要	会计科目		借方金额	贷方金额	记账符号
	一级科目	明细科目			
合　计					

附件　张

会计主管：　　　记账：　　　审核：　　　出纳：　　　制单：

记 账 凭 证

总 号：
分 号：

年　月　日

摘　要	会计科目		借方金额	贷方金额	记账符号
	一级科目	明细科目			
合　计					

附件　张

会计主管：　　　记账：　　　审核：　　　出纳：　　　制单：

记 账 凭 证

年　月　日

总　号	
分　号	

摘　要	会计科目		借方金额	贷方金额	记账符号
	一级科目	明细科目			
合　计					

附件　　张

会计主管：　　　记账：　　　审核：　　　出纳：　　　制单：

记 账 凭 证

年　月　日

总　号	
分　号	

摘　要	会计科目		借方金额	贷方金额	记账符号
	一级科目	明细科目			
合　计					

附件　　张

会计主管：　　　记账：　　　审核：　　　出纳：　　　制单：

记 账 凭 证

年　月　日

总　号	
分　号	

摘　要	会计科目		借方金额	贷方金额	记账符号
	一级科目	明细科目			
合　计					

附件　　张

会计主管：　　　记账：　　　审核：　　　出纳：　　　制单：

记 账 凭 证

年 月 日

总 号	
分 号	

摘 要	会计科目		借方金额	贷方金额	记账符号
	一级科目	明细科目			
合 计					

附件　　张

会计主管：　　　记账：　　　审核：　　　出纳：　　　制单：

记 账 凭 证

年 月 日

总 号	
分 号	

摘 要	会计科目		借方金额	贷方金额	记账符号
	一级科目	明细科目			
合 计					

附件　　张

会计主管：　　　记账：　　　审核：　　　出纳：　　　制单：

记 账 凭 证

年 月 日

总 号	
分 号	

摘 要	会计科目		借方金额	贷方金额	记账符号
	一级科目	明细科目			
合 计					

附件　　张

会计主管：　　　记账：　　　审核：　　　出纳：　　　制单：

记 账 凭 证

年　月　日

总　号	
分　号	

摘　要	会计科目		借方金额	贷方金额	记账符号
	一级科目	明细科目			
合　计					

附件　　张

会计主管：　　　记账：　　　审核：　　　出纳：　　　制单：

记 账 凭 证

年　月　日

总　号	
分　号	

摘　要	会计科目		借方金额	贷方金额	记账符号
	一级科目	明细科目			
合　计					

附件　　张

会计主管：　　　记账：　　　审核：　　　出纳：　　　制单：

记 账 凭 证

年　月　日

总　号	
分　号	

摘　要	会计科目		借方金额	贷方金额	记账符号
	一级科目	明细科目			
合　计					

附件　　张

会计主管：　　　记账：　　　审核：　　　出纳：　　　制单：

记 账 凭 证

年　月　日

总　号	
分　号	

摘要	会计科目		借方金额	贷方金额	记账符号
	一级科目	明细科目			
合　计					

附件　　张

会计主管：　　　记账：　　　审核：　　　出纳：　　　制单：

记 账 凭 证

年　月　日

总　号	
分　号	

摘要	会计科目		借方金额	贷方金额	记账符号
	一级科目	明细科目			
合　计					

附件　　张

会计主管：　　　记账：　　　审核：　　　出纳：　　　制单：

记 账 凭 证

年　月　日

总　号	
分　号	

摘要	会计科目		借方金额	贷方金额	记账符号
	一级科目	明细科目			
合　计					

附件　　张

会计主管：　　　记账：　　　审核：　　　出纳：　　　制单：

记 账 凭 证

年　月　日

总　号	
分　号	

摘　要	会计科目		借方金额	贷方金额	记账符号
	一级科目	明细科目			
合　计					

附件　张

会计主管：　　　　记账：　　　　审核：　　　　出纳：　　　　制单：

记 账 凭 证

年　月　日

总　号	
分　号	

摘　要	会计科目		借方金额	贷方金额	记账符号
	一级科目	明细科目			
合　计					

附件　张

会计主管：　　　　记账：　　　　审核：　　　　出纳：　　　　制单：

记 账 凭 证

年　月　日

总　号	
分　号	

摘　要	会计科目		借方金额	贷方金额	记账符号
	一级科目	明细科目			
合　计					

附件　张

会计主管：　　　　记账：　　　　审核：　　　　出纳：　　　　制单：

记 账 凭 证

年　月　日

总　号	
分　号	

摘　要	会计科目		借方金额	贷方金额	记账符号
	一级科目	明细科目			
合　计					

附件　　张

会计主管：　　　　记账：　　　　审核：　　　　出纳：　　　　制单：

记 账 凭 证

年　月　日

总　号	
分　号	

摘　要	会计科目		借方金额	贷方金额	记账符号
	一级科目	明细科目			
合　计					

附件　　张

会计主管：　　　　记账：　　　　审核：　　　　出纳：　　　　制单：

记 账 凭 证

年　月　日

总　号	
分　号	

摘　要	会计科目		借方金额	贷方金额	记账符号
	一级科目	明细科目			
合　计					

附件　　张

会计主管：　　　　记账：　　　　审核：　　　　出纳：　　　　制单：

记 账 凭 证

年　　月　　日

总　号	
分　号	

摘　要	会计科目		借方金额	贷方金额	记账符号
	一级科目	明细科目			
合　计					

附件　　张

会计主管：　　　记账：　　　审核：　　　出纳：　　　制单：

记 账 凭 证

年　　月　　日

总　号	
分　号	

摘　要	会计科目		借方金额	贷方金额	记账符号
	一级科目	明细科目			
合　计					

附件　　张

会计主管：　　　记账：　　　审核：　　　出纳：　　　制单：

记 账 凭 证

年　　月　　日

总　号	
分　号	

摘　要	会计科目		借方金额	贷方金额	记账符号
	一级科目	明细科目			
合　计					

附件　　张

会计主管：　　　记账：　　　审核：　　　出纳：　　　制单：

记 账 凭 证

年　月　日

总　号	
分　号	

摘　要	会计科目		借方金额	贷方金额	记账符号
	一级科目	明细科目			
合　　计					

附件　　张

会计主管：　　　　记账：　　　　审核：　　　　出纳：　　　　制单：

记 账 凭 证

年　月　日

总　号	
分　号	

摘　要	会计科目		借方金额	贷方金额	记账符号
	一级科目	明细科目			
合　　计					

附件　　张

会计主管：　　　　记账：　　　　审核：　　　　出纳：　　　　制单：

记 账 凭 证

年　月　日

总　号	
分　号	

摘　要	会计科目		借方金额	贷方金额	记账符号
	一级科目	明细科目			
合　　计					

附件　　张

会计主管：　　　　记账：　　　　审核：　　　　出纳：　　　　制单：

记 账 凭 证

　　年　　月　　日

总　号	
分　号	

摘　要	会计科目		借方金额	贷方金额	记账符号
	一级科目	明细科目			
合　计					

附件　　张

会计主管：　　　　记账：　　　　审核：　　　　出纳：　　　　制单：

记 账 凭 证

　　年　　月　　日

总　号	
分　号	

摘　要	会计科目		借方金额	贷方金额	记账符号
	一级科目	明细科目			
合　计					

附件　　张

会计主管：　　　　记账：　　　　审核：　　　　出纳：　　　　制单：

记 账 凭 证

　　年　　月　　日

总　号	
分　号	

摘　要	会计科目		借方金额	贷方金额	记账符号
	一级科目	明细科目			
合　计					

附件　　张

会计主管：　　　　记账：　　　　审核：　　　　出纳：　　　　制单：

记 账 凭 证

年　月　日

总　号	
分　号	

摘　要	会计科目		借方金额	贷方金额	记账符号
	一级科目	明细科目			
合　计					

附件　　张

会计主管：　　　　记账：　　　　审核：　　　　出纳：　　　　制单：

记 账 凭 证

年　月　日

总　号	
分　号	

摘　要	会计科目		借方金额	贷方金额	记账符号
	一级科目	明细科目			
合　计					

附件　　张

会计主管：　　　　记账：　　　　审核：　　　　出纳：　　　　制单：

记 账 凭 证

年　月　日

总　号	
分　号	

摘　要	会计科目		借方金额	贷方金额	记账符号
	一级科目	明细科目			
合　计					

附件　　张

会计主管：　　　　记账：　　　　审核：　　　　出纳：　　　　制单：

记 账 凭 证

年　月　日

总　号	
分　号	

摘　　要	会计科目		借方金额	贷方金额	记账符号
	一级科目	明细科目			
合　　计					

附件　　张

会计主管：　　　　　记账：　　　　　审核：　　　　　出纳：　　　　　制单：

记 账 凭 证

年　月　日

总　号	
分　号	

摘　　要	会计科目		借方金额	贷方金额	记账符号
	一级科目	明细科目			
合　　计					

附件　　张

会计主管：　　　　　记账：　　　　　审核：　　　　　出纳：　　　　　制单：

记 账 凭 证

年　月　日

总　号	
分　号	

摘　　要	会计科目		借方金额	贷方金额	记账符号
	一级科目	明细科目			
合　　计					

附件　　张

会计主管：　　　　　记账：　　　　　审核：　　　　　出纳：　　　　　制单：

记 账 凭 证

年　　月　　日

总　号：
分　号：

摘　要	会计科目		借方金额	贷方金额	记账符号
	一级科目	明细科目			
合　计					

会计主管：　　　记账：　　　审核：　　　出纳：　　　制单：

附件　　张

记 账 凭 证

年　　月　　日

总　号：
分　号：

摘　要	会计科目		借方金额	贷方金额	记账符号
	一级科目	明细科目			
合　计					

会计主管：　　　记账：　　　审核：　　　出纳：　　　制单：

附件　　张

记 账 凭 证

年　　月　　日

总　号：
分　号：

摘　要	会计科目		借方金额	贷方金额	记账符号
	一级科目	明细科目			
合　计					

会计主管：　　　记账：　　　审核：　　　出纳：　　　制单：

附件　　张

记 账 凭 证

年　月　日

总　号	
分　号	

摘　要	会计科目		借方金额	贷方金额	记账符号
	一级科目	明细科目			
合　计					

附件　　张

会计主管：　　　记账：　　　审核：　　　出纳：　　　制单：

记 账 凭 证

年　月　日

总　号	
分　号	

摘　要	会计科目		借方金额	贷方金额	记账符号
	一级科目	明细科目			
合　计					

附件　　张

会计主管：　　　记账：　　　审核：　　　出纳：　　　制单：

记 账 凭 证

年　月　日

总　号	
分　号	

摘　要	会计科目		借方金额	贷方金额	记账符号
	一级科目	明细科目			
合　计					

附件　　张

会计主管：　　　记账：　　　审核：　　　出纳：　　　制单：

记 账 凭 证

年　月　日

总 号	
分 号	

摘　要	会计科目		借方金额	贷方金额	记账符号
	一级科目	明细科目			
合　计					

附件　张

会计主管：　　　记账：　　　审核：　　　出纳：　　　制单：

记 账 凭 证

年　月　日

总 号	
分 号	

摘　要	会计科目		借方金额	贷方金额	记账符号
	一级科目	明细科目			
合　计					

附件　张

会计主管：　　　记账：　　　审核：　　　出纳：　　　制单：

记 账 凭 证

年　月　日

总 号	
分 号	

摘　要	会计科目		借方金额	贷方金额	记账符号
	一级科目	明细科目			
合　计					

附件　张

会计主管：　　　记账：　　　审核：　　　出纳：　　　制单：

记 账 凭 证

年　月　日

总　号	
分　号	

摘　要	会计科目		借方金额	贷方金额	记账符号
	一级科目	明细科目			
合　　计					

附件　　张

会计主管：　　　　记账：　　　　审核：　　　　出纳：　　　　制单：

记 账 凭 证

年　月　日

总　号	
分　号	

摘　要	会计科目		借方金额	贷方金额	记账符号
	一级科目	明细科目			
合　　计					

附件　　张

会计主管：　　　　记账：　　　　审核：　　　　出纳：　　　　制单：

记 账 凭 证

年　月　日

总　号	
分　号	

摘　要	会计科目		借方金额	贷方金额	记账符号
	一级科目	明细科目			
合　　计					

附件　　张

会计主管：　　　　记账：　　　　审核：　　　　出纳：　　　　制单：

记 账 凭 证

年　月　日

总　号	
分　号	

摘　要	会计科目		借方金额	贷方金额	记账符号
	一级科目	明细科目			
合　计					

附件　　张

会计主管：　　　记账：　　　审核：　　　出纳：　　　制单：

记 账 凭 证

年　月　日

总　号	
分　号	

摘　要	会计科目		借方金额	贷方金额	记账符号
	一级科目	明细科目			
合　计					

附件　　张

会计主管：　　　记账：　　　审核：　　　出纳：　　　制单：

记 账 凭 证

年　月　日

总　号	
分　号	

摘　要	会计科目		借方金额	贷方金额	记账符号
	一级科目	明细科目			
合　计					

附件　　张

会计主管：　　　记账：　　　审核：　　　出纳：　　　制单：

记 账 凭 证

　　　　　年　　月　　日

总　号	
分　号	

摘　要	会计科目		借方金额	贷方金额	记账符号
	一级科目	明细科目			
合　　计					

附件　　　张

会计主管：　　　　记账：　　　　审核：　　　　出纳：　　　　制单：

记 账 凭 证

　　　　　年　　月　　日

总　号	
分　号	

摘　要	会计科目		借方金额	贷方金额	记账符号
	一级科目	明细科目			
合　　计					

附件　　　张

会计主管：　　　　记账：　　　　审核：　　　　出纳：　　　　制单：

记 账 凭 证

　　　　　年　　月　　日

总　号	
分　号	

摘　要	会计科目		借方金额	贷方金额	记账符号
	一级科目	明细科目			
合　　计					

附件　　　张

会计主管：　　　　记账：　　　　审核：　　　　出纳：　　　　制单：

记 账 凭 证

年　月　日

总　号	
分　号	

摘　要	会计科目		借方金额	贷方金额	记账符号
	一级科目	明细科目			
合　计					

附件　张

会计主管：　　　记账：　　　审核：　　　出纳：　　　制单：

记 账 凭 证

年　月　日

总　号	
分　号	

摘　要	会计科目		借方金额	贷方金额	记账符号
	一级科目	明细科目			
合　计					

附件　张

会计主管：　　　记账：　　　审核：　　　出纳：　　　制单：

记 账 凭 证

年　月　日

总　号	
分　号	

摘　要	会计科目		借方金额	贷方金额	记账符号
	一级科目	明细科目			
合　计					

附件　张

会计主管：　　　记账：　　　审核：　　　出纳：　　　制单：

记 账 凭 证

年　月　日

总　号	
分　号	

摘要	会计科目		借方金额	贷方金额	记账符号
	一级科目	明细科目			
合　计					

附件　　张

会计主管：　　　记账：　　　审核：　　　出纳：　　　制单：

记 账 凭 证

年　月　日

总　号	
分　号	

摘要	会计科目		借方金额	贷方金额	记账符号
	一级科目	明细科目			
合　计					

附件　　张

会计主管：　　　记账：　　　审核：　　　出纳：　　　制单：

记 账 凭 证

年　月　日

总　号	
分　号	

摘要	会计科目		借方金额	贷方金额	记账符号
	一级科目	明细科目			
合　计					

附件　　张

会计主管：　　　记账：　　　审核：　　　出纳：　　　制单：

记 账 凭 证

年　月　日

总　号	
分　号	

摘　要	会计科目		借方金额	贷方金额	记账符号
	一级科目	明细科目			
合　计					

附件　　张

会计主管：　　　记账：　　　审核：　　　出纳：　　　制单：

记 账 凭 证

年　月　日

总　号	
分　号	

摘　要	会计科目		借方金额	贷方金额	记账符号
	一级科目	明细科目			
合　计					

附件　　张

会计主管：　　　记账：　　　审核：　　　出纳：　　　制单：

记 账 凭 证

年　月　日

总　号	
分　号	

摘　要	会计科目		借方金额	贷方金额	记账符号
	一级科目	明细科目			
合　计					

附件　　张

会计主管：　　　记账：　　　审核：　　　出纳：　　　制单：

记 账 凭 证

年　月　日

总　号	
分　号	

摘　要	会计科目		借方金额	贷方金额	记账符号
	一级科目	明细科目			
合　计					

附件　　张

会计主管：　　　记账：　　　审核：　　　出纳：　　　制单：

记 账 凭 证

年　月　日

总　号	
分　号	

摘　要	会计科目		借方金额	贷方金额	记账符号
	一级科目	明细科目			
合　计					

附件　　张

会计主管：　　　记账：　　　审核：　　　出纳：　　　制单：

记 账 凭 证

年　月　日

总　号	
分　号	

摘　要	会计科目		借方金额	贷方金额	记账符号
	一级科目	明细科目			
合　计					

附件　　张

会计主管：　　　记账：　　　审核：　　　出纳：　　　制单：

记 账 凭 证

年　月　日

总　号	
分　号	

摘　要	会计科目		借方金额	贷方金额	记账符号
	一级科目	明细科目			
合　计					

附件　　张

会计主管：　　　　记账：　　　　审核：　　　　出纳：　　　　制单：

记 账 凭 证

年　月　日

总　号	
分　号	

摘　要	会计科目		借方金额	贷方金额	记账符号
	一级科目	明细科目			
合　计					

附件　　张

会计主管：　　　　记账：　　　　审核：　　　　出纳：　　　　制单：

记 账 凭 证

年　月　日

总　号	
分　号	

摘　要	会计科目		借方金额	贷方金额	记账符号
	一级科目	明细科目			
合　计					

附件　　张

会计主管：　　　　记账：　　　　审核：　　　　出纳：　　　　制单：

记 账 凭 证

　　年　　月　　日

总　号	
分　号	

摘要	会计科目		借方金额	贷方金额	记账符号
	一级科目	明细科目			
合　计					

附件　　张

会计主管：　　　记账：　　　审核：　　　出纳：　　　制单：

记 账 凭 证

　　年　　月　　日

总　号	
分　号	

摘要	会计科目		借方金额	贷方金额	记账符号
	一级科目	明细科目			
合　计					

附件　　张

会计主管：　　　记账：　　　审核：　　　出纳：　　　制单：

记 账 凭 证

　　年　　月　　日

总　号	
分　号	

摘要	会计科目		借方金额	贷方金额	记账符号
	一级科目	明细科目			
合　计					

附件　　张

会计主管：　　　记账：　　　审核：　　　出纳：　　　制单：

记 账 凭 证

年　月　日

总 号	
分 号	

摘要	会计科目		借方金额	贷方金额	记账符号
	一级科目	明细科目			
合　计					

附件　　张

会计主管：　　　记账：　　　审核：　　　出纳：　　　制单：

记 账 凭 证

年　月　日

总 号	
分 号	

摘要	会计科目		借方金额	贷方金额	记账符号
	一级科目	明细科目			
合　计					

附件　　张

会计主管：　　　记账：　　　审核：　　　出纳：　　　制单：

记 账 凭 证

年　月　日

总 号	
分 号	

摘要	会计科目		借方金额	贷方金额	记账符号
	一级科目	明细科目			
合　计					

附件　　张

会计主管：　　　记账：　　　审核：　　　出纳：　　　制单：

记 账 凭 证

年 月 日

总 号	
分 号	

摘要	会计科目		借方金额	贷方金额	记账符号
	一级科目	明细科目			
合 计					

附件 张

会计主管： 记账： 审核： 出纳： 制单：

记 账 凭 证

年 月 日

总 号	
分 号	

摘要	会计科目		借方金额	贷方金额	记账符号
	一级科目	明细科目			
合 计					

附件 张

会计主管： 记账： 审核： 出纳： 制单：

记 账 凭 证

年 月 日

总 号	
分 号	

摘要	会计科目		借方金额	贷方金额	记账符号
	一级科目	明细科目			
合 计					

附件 张

会计主管： 记账： 审核： 出纳： 制单：

记 账 凭 证

年　月　日

总　号	
分　号	

摘　要	会计科目		借方金额	贷方金额	记账符号
	一级科目	明细科目			
合　计					

附件　　张

会计主管：　　　　记账：　　　　审核：　　　　出纳：　　　　制单：

记 账 凭 证

年　月　日

总　号	
分　号	

摘　要	会计科目		借方金额	贷方金额	记账符号
	一级科目	明细科目			
合　计					

附件　　张

会计主管：　　　　记账：　　　　审核：　　　　出纳：　　　　制单：

记 账 凭 证

年　月　日

总　号	
分　号	

摘　要	会计科目		借方金额	贷方金额	记账符号
	一级科目	明细科目			
合　计					

附件　　张

会计主管：　　　　记账：　　　　审核：　　　　出纳：　　　　制单：

记 账 凭 证

年　月　日

总　号	
分　号	

摘　要	会计科目		借方金额	贷方金额	记账符号
	一级科目	明细科目			
合　计					

附件　张

会计主管：　　　记账：　　　审核：　　　出纳：　　　制单：

记 账 凭 证

年　月　日

总　号	
分　号	

摘　要	会计科目		借方金额	贷方金额	记账符号
	一级科目	明细科目			
合　计					

附件　张

会计主管：　　　记账：　　　审核：　　　出纳：　　　制单：

记 账 凭 证

年　月　日

总　号	
分　号	

摘　要	会计科目		借方金额	贷方金额	记账符号
	一级科目	明细科目			
合　计					

附件　张

会计主管：　　　记账：　　　审核：　　　出纳：　　　制单：

记 账 凭 证

年　月　日

总　号	
分　号	

摘要	会计科目		借方金额	贷方金额	记账符号
	一级科目	明细科目			
合　计					

附件　　张

会计主管：　　　　记账：　　　　审核：　　　　出纳：　　　　制单：

记 账 凭 证

年　月　日

总　号	
分　号	

摘要	会计科目		借方金额	贷方金额	记账符号
	一级科目	明细科目			
合　计					

附件　　张

会计主管：　　　　记账：　　　　审核：　　　　出纳：　　　　制单：

记 账 凭 证

年　月　日

总　号	
分　号	

摘要	会计科目		借方金额	贷方金额	记账符号
	一级科目	明细科目			
合　计					

附件　　张

会计主管：　　　　记账：　　　　审核：　　　　出纳：　　　　制单：

记 账 凭 证

年　月　日

总　号	
分　号	

摘　要	会计科目		借方金额	贷方金额	记账符号
	一级科目	明细科目			
合　　计					

附件　　张

会计主管：　　　记账：　　　审核：　　　出纳：　　　制单：

记 账 凭 证

年　月　日

总　号	
分　号	

摘　要	会计科目		借方金额	贷方金额	记账符号
	一级科目	明细科目			
合　　计					

附件　　张

会计主管：　　　记账：　　　审核：　　　出纳：　　　制单：

记 账 凭 证

年　月　日

总　号	
分　号	

摘　要	会计科目		借方金额	贷方金额	记账符号
	一级科目	明细科目			
合　　计					

附件　　张

会计主管：　　　记账：　　　审核：　　　出纳：　　　制单：

记 账 凭 证

年　月　日

总　号	
分　号	

摘　要	会计科目		借方金额	贷方金额	记账符号
	一级科目	明细科目			
合　计					

附件　张

会计主管：　　　记账：　　　审核：　　　出纳：　　　制单：

记 账 凭 证

年　月　日

总　号	
分　号	

摘　要	会计科目		借方金额	贷方金额	记账符号
	一级科目	明细科目			
合　计					

附件　张

会计主管：　　　记账：　　　审核：　　　出纳：　　　制单：

记 账 凭 证

年　月　日

总　号	
分　号	

摘　要	会计科目		借方金额	贷方金额	记账符号
	一级科目	明细科目			
合　计					

附件　张

会计主管：　　　记账：　　　审核：　　　出纳：　　　制单：

记 账 凭 证

年　月　日

总 号	
分 号	

摘　要	会计科目		借方金额	贷方金额	记账符号
	一级科目	明细科目			
合　计					

附件　　张

会计主管：　　　　记账：　　　　审核：　　　　出纳：　　　　制单：

记 账 凭 证

年　月　日

总 号	
分 号	

摘　要	会计科目		借方金额	贷方金额	记账符号
	一级科目	明细科目			
合　计					

附件　　张

会计主管：　　　　记账：　　　　审核：　　　　出纳：　　　　制单：

记 账 凭 证

年　月　日

总 号	
分 号	

摘　要	会计科目		借方金额	贷方金额	记账符号
	一级科目	明细科目			
合　计					

附件　　张

会计主管：　　　　记账：　　　　审核：　　　　出纳：　　　　制单：

记 账 凭 证

年　月　日

总　号	
分　号	

摘　要	会计科目		借方金额	贷方金额	记账符号
	一级科目	明细科目			
合　计					

附件　　张

会计主管：　　　记账：　　　审核：　　　出纳：　　　制单：

记 账 凭 证

年　月　日

总　号	
分　号	

摘　要	会计科目		借方金额	贷方金额	记账符号
	一级科目	明细科目			
合　计					

附件　　张

会计主管：　　　记账：　　　审核：　　　出纳：　　　制单：

记 账 凭 证

年　月　日

总　号	
分　号	

摘　要	会计科目		借方金额	贷方金额	记账符号
	一级科目	明细科目			
合　计					

附件　　张

会计主管：　　　记账：　　　审核：　　　出纳：　　　制单：

科 目 汇 总 表

_____年_____月_____日至_____月_____日_____字第_____号

会计科目	借方										记账	贷方										记账
	千	百	十	万	千	百	十	元	角	分		千	百	十	万	千	百	十	元	角	分	
合 计																						

会计主管:　　　　　记账:　　　　　审核:　　　　　制单:

记账凭证自_____号至_____号共_____张

科目汇总表

___年___月___日至___月___日___字第___号

会计科目	借方										记账	贷方										记账
	千	百	十	万	千	百	十	元	角	分		千	百	十	万	千	百	十	元	角	分	
合　计																						

会计主管：　　　　记账：　　　　审核：　　　　制单：

记账凭证自　号至　号共　张

科目汇总表

____年____月____日至____月____日 ____字第____号

会计科目	借方										记账	贷方										记账
	千	百	十	万	千	百	十	元	角	分		千	百	十	万	千	百	十	元	角	分	
合 计																						

会计主管: 　　　记账: 　　　审核: 　　　制单:

记账凭证自 ____ 号至 ____ 号共 ____ 张

科 目 汇 总 表

_____年_____月_____日至_____月_____日_____字第_____号

会计科目	借方										记账	贷方										记账
	千	百	十	万	千	百	十	元	角	分		千	百	十	万	千	百	十	元	角	分	
合 计																						

记账凭证自_____号至_____号共_____张

会计主管：　　　　　记账：　　　　　审核：　　　　　制单：

科 目 汇 总 表

____年____月____日至____月____日   字第____号

会计科目	借方											记账	贷方											记账
	千	百	十	万	千	百	十	元	角	分			千	百	十	万	千	百	十	元	角	分	
合 计																							

记账凭证自____号至____号共____张

会计主管：　　　　　记账：　　　　　审核：　　　　　制单：

科 目 汇 总 表

____年____月____日至____月____日 ____字第____号

会计科目	借方										记账	贷方										记账
	千	百	十	万	千	百	十	元	角	分		千	百	十	万	千	百	十	元	角	分	
合 计																						

记账凭证自____号至____号共____张

会计主管：　　　　　记账：　　　　　审核：　　　　　制单：

库存现金日记账

年		凭证字号	摘要	对方科目	√	收入（借方）								收入（贷方）								结余							
月	日					千	百	十	万	千	百	十	元	角	分	千	百	十	万	千	百	十	元	角	分	千	百	十	万	千	百	十	元	角	分

库存现金日记账

年		凭证字号	摘要	对方科目	√	收入(借方)								收入(贷方)								结余							
月	日					千	百	十	万	千	百	十	元	角	分	千	百	十	万	千	百	十	元	角	分	千	百	十	万	千	百	十	元	角	分

银行存款日记账

年		凭证字号	摘要	结算凭证		对方科目	收入(借方)									收入(贷方)									结余								
月	日			种类	号数		百	千	十	万	千	百	十	元	角	分	百	千	十	万	千	百	十	元	角	分	百	千	十	万	千	百	十	元	角	分

银行存款日记账

年		凭证字号	摘要	结算凭证		对方科目	收入(借方)									收入(贷方)									结余								
月	日			种类	号数		千	百	十	万	千	百	十	元	角	分	千	百	十	万	千	百	十	元	角	分	千	百	十	万	千	百	十	元	角	分

银行存款日记账

年		凭证字号	摘要	结算凭证		对方科目	收入（借方）									收入（贷方）									结余								
月	日			种类	号数		千	百	十	万	千	百	十	元	角	分	千	百	十	万	千	百	十	元	角	分	千	百	十	万	千	百	十	元	角	分

总账

年		凭证		摘要	借方										贷方										借或贷	余额									
月	日	种类	号数		千	百	十	万	千	百	十	元	角	分	千	百	十	万	千	百	十	元	角	分		千	百	十	万	千	百	十	元	角	分

总账

年		凭证		摘要	借方										贷方										借或贷	余额									
月	日	种类	号数		千	百	十	万	千	百	十	元	角	分	千	百	十	万	千	百	十	元	角	分		千	百	十	万	千	百	十	元	角	分

总账

年 月	日	凭证 种类	证 号数	摘 要	借 方 千 百 十 万 千 百 十 元 角 分	贷 方 千 百 十 万 千 百 十 元 角 分	借 或 贷	余 额 千 百 十 万 千 百 十 元 角 分

总账

年 月	日	凭证 种类	证 号数	摘 要	借 方 千 百 十 万 千 百 十 元 角 分	贷 方 千 百 十 万 千 百 十 元 角 分	借 或 贷	余 额 千 百 十 万 千 百 十 元 角 分

总账

年 月 日	凭证 种类	凭证 号数	摘　要	借　方 千 百 十 万 千 百 十 元 角 分	贷　方 千 百 十 万 千 百 十 元 角 分	借或贷	余　额 千 百 十 万 千 百 十 元 角 分

总账

年 月 日	凭证 种类	凭证 号数	摘　要	借　方 千 百 十 万 千 百 十 元 角 分	贷　方 千 百 十 万 千 百 十 元 角 分	借或贷	余　额 千 百 十 万 千 百 十 元 角 分

总账

年		凭证		摘要	借方									贷方									借或贷	余额								
月	日	种类	号数		千	百	十	万	千	百	十	元	角	分	千	百	十	万	千	百	十	元	角	分		千	百	十	万	千	百	十	元	角	分

总账

年		凭证		摘要	借方									贷方									借或贷	余额								
月	日	种类	号数		千	百	十	万	千	百	十	元	角	分	千	百	十	万	千	百	十	元	角	分		千	百	十	万	千	百	十	元	角	分

总账

年		凭证		摘要	借方								贷方								借或贷	余额							
月	日	种类	号数		千	百	十	万	千	百	十	元	角	分	千	百	十	万	千	百	十	元	角	分		千	百	十	万	千	百	十	元	角	分

总账

年		凭证		摘要	借方								贷方								借或贷	余额							
月	日	种类	号数		千	百	十	万	千	百	十	元	角	分	千	百	十	万	千	百	十	元	角	分		千	百	十	万	千	百	十	元	角	分

总账

年 月	日	凭证 种类	号数	摘要	借方 千 百 十 万 千 百 十 元 角 分	贷方 千 百 十 万 千 百 十 元 角 分	借或贷	余额 千 百 十 万 千 百 十 元 角 分

总账

年 月	日	凭证 种类	号数	摘要	借方 千 百 十 万 千 百 十 元 角 分	贷方 千 百 十 万 千 百 十 元 角 分	借或贷	余额 千 百 十 万 千 百 十 元 角 分

总账

年 月 日	凭证 种类	凭证 号数	摘要	借方 千百十万千百十元角分	贷方 千百十万千百十元角分	借或贷	余额 千百十万千百十元角分

总账

年 月 日	凭证 种类	凭证 号数	摘要	借方 千百十万千百十元角分	贷方 千百十万千百十元角分	借或贷	余额 千百十万千百十元角分

年 月 日	凭证 种类	号数	摘要	借方 千 百 十 万 千 百 十 元 角 分	贷方 千 百 十 万 千 百 十 元 角 分	借或贷	余额 千 百 十 万 千 百 十 元 角 分

总账

年 月 日	凭证 种类	号数	摘要	借方 千 百 十 万 千 百 十 元 角 分	贷方 千 百 十 万 千 百 十 元 角 分	借或贷	余额 千 百 十 万 千 百 十 元 角 分

总账

总账

年 月	日	凭证 种类	号数	摘要	借方 千 百 十 万 千 百 十 元 角 分	贷方 千 百 十 万 千 百 十 元 角 分	借或贷	余额 千 百 十 万 千 百 十 元 角 分

总账

年 月	日	凭证 种类	号数	摘要	借方 千 百 十 万 千 百 十 元 角 分	贷方 千 百 十 万 千 百 十 元 角 分	借或贷	余额 千 百 十 万 千 百 十 元 角 分

年 月	日	凭证 种类	号数	摘要	借方 千 百 十 万 千 百 十 元 角 分	贷方 千 百 十 万 千 百 十 元 角 分	借或贷	余额 千 百 十 万 千 百 十 元 角 分

总账

年 月	日	凭证 种类	号数	摘要	借方 千 百 十 万 千 百 十 元 角 分	贷方 千 百 十 万 千 百 十 元 角 分	借或贷	余额 千 百 十 万 千 百 十 元 角 分

总账

总账

年 月 日	凭证 种类 号数	摘要	借方 千百十万千百十元角分	贷方 千百十万千百十元角分	借或贷	余额 千百十万千百十元角分

总账

年 月 日	凭证 种类 号数	摘要	借方 千百十万千百十元角分	贷方 千百十万千百十元角分	借或贷	余额 千百十万千百十元角分

总账

年 月	日	凭证 种类	号数	摘要	借方 千 百 十 万 千 百 十 元 角 分	贷方 千 百 十 万 千 百 十 元 角 分	借或贷	余额 千 百 十 万 千 百 十 元 角 分

总账

年 月	日	凭证 种类	号数	摘要	借方 千 百 十 万 千 百 十 元 角 分	贷方 千 百 十 万 千 百 十 元 角 分	借或贷	余额 千 百 十 万 千 百 十 元 角 分

总账

总账

年 月	日	凭证 种类	号数	摘要	借方 千 百 十 万 千 百 十 元 角 分	贷方 千 百 十 万 千 百 十 元 角 分	借或贷	余额 千 百 十 万 千 百 十 元 角 分

总账

年 月	日	凭证 种类	号数	摘要	借方 千 百 十 万 千 百 十 元 角 分	贷方 千 百 十 万 千 百 十 元 角 分	借或贷	余额 千 百 十 万 千 百 十 元 角 分

总账

年 月 日	凭证 种类	凭证 号数	摘要	借方 千 百 十 万 千 百 十 元 角 分	贷方 千 百 十 万 千 百 十 元 角 分	借或贷	余额 千 百 十 万 千 百 十 元 角 分

总账

年 月 日	凭证 种类	凭证 号数	摘要	借方 千 百 十 万 千 百 十 元 角 分	贷方 千 百 十 万 千 百 十 元 角 分	借或贷	余额 千 百 十 万 千 百 十 元 角 分

年 月	日	凭证		摘要	借方								贷方								借或贷	余额							
		种类	号数		千	百	十	万	千	百	十	元	角	分	千	百	十	万	千	百	十	元	角	分		千	百	十	万	千	百	十	元	角	分

总账

总账

年 月	日	凭证		摘要	借方								贷方								借或贷	余额							
		种类	号数		千	百	十	万	千	百	十	元	角	分	千	百	十	万	千	百	十	元	角	分		千	百	十	万	千	百	十	元	角	分

总账

年 月	日	凭证		摘要	借方								贷方								借或贷	余额							
		种类	号数		千	百	十	万	千	百	十	元	角	分	千	百	十	万	千	百	十	元	角	分		千	百	十	万	千	百	十	元	角	分

年 月 日	凭证 种类 号数	摘要	借方 千百十万千百十元角分	贷方 千百十万千百十元角分	借或贷	余额 千百十万千百十元角分

总账

年 月 日	凭证 种类 号数	摘要	借方 千百十万千百十元角分	贷方 千百十万千百十元角分	借或贷	余额 千百十万千百十元角分

总账

年		凭证		摘要	借方									贷方									借或贷	余额								
月	日	种类	号数		千	百	十	万	千	百	十	元	角	分	千	百	十	万	千	百	十	元	角	分		千	百	十	万	千	百	十	元	角	分

总账

年		凭证		摘要	借方									贷方									借或贷	余额								
月	日	种类	号数		千	百	十	万	千	百	十	元	角	分	千	百	十	万	千	百	十	元	角	分		千	百	十	万	千	百	十	元	角	分

总账

年 月	凭证 种类	凭证 号数	摘要	借方 千 百 十 万 千 百 十 元 角 分	贷方 千 百 十 万 千 百 十 元 角 分	借或贷	余额 千 百 十 万 千 百 十 元 角 分

总账

年 月	凭证 种类	凭证 号数	摘要	借方 千 百 十 万 千 百 十 元 角 分	贷方 千 百 十 万 千 百 十 元 角 分	借或贷	余额 千 百 十 万 千 百 十 元 角 分

总账

总账

年		凭证		摘要	借方								贷方								借或贷	余额							
月	日	种类	号数		千	百	十	万	千	百	十	元	角	分	千	百	十	万	千	百	十	元	角	分		千	百	十	万	千	百	十	元	角	分

总账

年		凭证		摘要	借方								贷方								借或贷	余额							
月	日	种类	号数		千	百	十	万	千	百	十	元	角	分	千	百	十	万	千	百	十	元	角	分		千	百	十	万	千	百	十	元	角	分

总账

年 月	日	凭证 种类	号数	摘要	借方 千 百 十 万 千 百 十 元 角 分	贷方 千 百 十 万 千 百 十 元 角 分	借或贷	余额 千 百 十 万 千 百 十 元 角 分

总账

年 月	日	凭证 种类	号数	摘要	借方 千 百 十 万 千 百 十 元 角 分	贷方 千 百 十 万 千 百 十 元 角 分	借或贷	余额 千 百 十 万 千 百 十 元 角 分

总账

年		凭证		摘要	借方							贷方							借或贷	余额						
月	日	种类	号数		千	百	十	万	千	百	十	元	角	分	千	百	十	万	千	百	十	元	角	分		千	百	十	万	千	百	十	元	角	分

总账

年		凭证		摘要	借方										贷方										借或贷	余额									
月	日	种类	号数		千	百	十	万	千	百	十	元	角	分	千	百	十	万	千	百	十	元	角	分		千	百	十	万	千	百	十	元	角	分

总账

年 月	日	凭证 种类	号数	摘要	借方 千 百 十 万 千 百 十 元 角 分	贷方 千 百 十 万 千 百 十 元 角 分	借或贷	余额 千 百 十 万 千 百 十 元 角 分

总账

年 月	日	凭证 种类	号数	摘要	借方 千 百 十 万 千 百 十 元 角 分	贷方 千 百 十 万 千 百 十 元 角 分	借或贷	余额 千 百 十 万 千 百 十 元 角 分

年 月	凭证		摘要	借方							贷方							借或贷	余额						
日	种类	号数		千	百	十	万	千	百	十	元	角	分	千	百	十	万	千	百	十	元	角	分		

总账

总账

年		凭证		摘要	借方								贷方								借或贷	余额							
月	日	种类	号数		千	百	十	万	千	百	十	元	角	分	千	百	十	万	千	百	十	元	角	分		千	百	十	万	千	百	十	元	角	分

总账

年		凭证		摘要	借方								贷方								借或贷	余额							
月	日	种类	号数		千	百	十	万	千	百	十	元	角	分	千	百	十	万	千	百	十	元	角	分		千	百	十	万	千	百	十	元	角	分

总账

年 月	日	凭证 种类	号数	摘 要	借 方 千 百 十 万 千 百 十 元 角 分	贷 方 千 百 十 万 千 百 十 元 角 分	借或贷	余 额 千 百 十 万 千 百 十 元 角 分

总账

年 月	日	凭证 种类	号数	摘 要	借 方 千 百 十 万 千 百 十 元 角 分	贷 方 千 百 十 万 千 百 十 元 角 分	借或贷	余 额 千 百 十 万 千 百 十 元 角 分

总账

年		凭证		摘要	借方								贷方								借或贷	余额							
月	日	种类	号数		千	百	十	万	千	百	十	元	角	分	千	百	十	万	千	百	十	元	角	分		千	百	十	万	千	百	十	元	角	分

总账

年		凭证		摘要	借方								贷方								借或贷	余额							
月	日	种类	号数		千	百	十	万	千	百	十	元	角	分	千	百	十	万	千	百	十	元	角	分		千	百	十	万	千	百	十	元	角	分

总账

年		凭证		摘要	借方								贷方								借或贷	余额							
月	日	种类	号数		千	百	十	万	千	百	十	元	角	分	千	百	十	万	千	百	十	元	角	分		千	百	十	万	千	百	十	元	角	分

总账

年		凭证		摘要	借方								贷方								借或贷	余额							
月	日	种类	号数		千	百	十	万	千	百	十	元	角	分	千	百	十	万	千	百	十	元	角	分		千	百	十	万	千	百	十	元	角	分

总账

年 月 日	凭证 种类 号数	摘要	借方 千 百 十 万 千 百 十 元 角 分	贷方 千 百 十 万 千 百 十 元 角 分	借或贷	余额 千 百 十 万 千 百 十 元 角 分

总账

年 月 日	凭证 种类 号数	摘要	借方 千 百 十 万 千 百 十 元 角 分	贷方 千 百 十 万 千 百 十 元 角 分	借或贷	余额 千 百 十 万 千 百 十 元 角 分

明细账

二级科目编码及名称：									总第 页 分 页									
年		凭证		摘要	借方							贷方						借或贷	余额
月	日	种类	号数		千	百	十	万	千	百	十	元	角	分	千	百	十	万	千	百	十	元	角	分		千	百	十	万	千	百	十	元	角	分

明细账

二级科目编码及名称：									总第 页 分 页									
年		凭证		摘要	借方							贷方						借或贷	余额
月	日	种类	号数		千	百	十	万	千	百	十	元	角	分	千	百	十	万	千	百	十	元	角	分		千	百	十	万	千	百	十	元	角	分

明细账

(Blank accounting ledger form - 明细账 / Subsidiary Ledger)

二级科目编码及名称：																																
年		凭证		摘要	借方									借或贷	贷方									借或贷	余额								总第___页
月	日	种类	号数		千	百	十	万	千	百	十	元	角	分	√	千	百	十	万	千	百	十	元	角	分	√	千	百	十	万	千	百	十	元	角	分

明细账

二级科目编码及名称：																																
年		凭证		摘要	借方									借或贷	贷方									借或贷	余额								总第___页
月	日	种类	号数		千	百	十	万	千	百	十	元	角	分	√	千	百	十	万	千	百	十	元	角	分	√	千	百	十	万	千	百	十	元	角	分

明细账

二级科目编码及名称：＿＿＿＿＿＿＿　　　总第＿＿＿页　第＿＿＿页

年	月	日	凭证 种类	号数	摘要	借方 千 百 十 万 千 百 十 元 角 分	√	贷方 千 百 十 万 千 百 十 元 角 分	借或贷	余额 千 百 十 万 千 百 十 元 角 分

二级科目编码及名称：＿＿＿＿＿＿＿　　　总第＿＿＿页　第＿＿＿页

年	月	日	凭证 种类	号数	摘要	借方 千 百 十 万 千 百 十 元 角 分	√	贷方 千 百 十 万 千 百 十 元 角 分	借或贷	余额 千 百 十 万 千 百 十 元 角 分

明细账

二级科目编码及名称：________　　　　总第________页　分________页

年		凭证		摘要	借方										√	贷方										√	借或贷	余额									
月	日	种类	号数		千	百	十	万	千	百	十	元	角	分		千	百	十	万	千	百	十	元	角	分			千	百	十	万	千	百	十	元	角	分

明细账

二级科目编码及名称：________　　　　总第________页　分________页

年		凭证		摘要	借方										√	贷方										√	借或贷	余额									
月	日	种类	号数		千	百	十	万	千	百	十	元	角	分		千	百	十	万	千	百	十	元	角	分			千	百	十	万	千	百	十	元	角	分

明细账

二级科目编码及名称：_____ 总第___页 第___页

年		凭证		摘要	借方									√	贷方									借或贷	余额								
月	日	种类	号数		千	百	十	万	千	百	十	元	角	分		千	百	十	万	千	百	十	元	角	分		千	百	十	万	千	百	十	元	角	分

明细账

二级科目编码及名称：_____ 总第___页 第___页

年		凭证		摘要	借方									√	贷方									借或贷	余额								
月	日	种类	号数		千	百	十	万	千	百	十	元	角	分		千	百	十	万	千	百	十	元	角	分		千	百	十	万	千	百	十	元	角	分

明细账

二级科目编码及名称：						总第 页 分
年 月 日	凭证 种类 号数	摘要	借方 千百十万千百十元角分	√	贷方 千百十万千百十元角分	借或贷	余额 千百十万千百十元角分

明细账

二级科目编码及名称：						总第 页 分
年 月 日	凭证 种类 号数	摘要	借方 千百十万千百十元角分	√	贷方 千百十万千百十元角分	借或贷	余额 千百十万千百十元角分

明细账

明细账

二级科目编码及名称：_____ 总第_____页 第_____页

年		凭证		摘要	借方								√	贷方								借或贷	余额								
月	日	种类	号数		千	百	十	万	千	百	十	元	角	分		千	百	十	万	千	百	十	元	角	分		千	百	十	万	千	百	十	元	角	分

明细账

二级科目编码及名称：_____ 总第_____页 第_____页

年		凭证		摘要	借方								√	贷方								借或贷	余额								
月	日	种类	号数		千	百	十	万	千	百	十	元	角	分		千	百	十	万	千	百	十	元	角	分		千	百	十	万	千	百	十	元	角	分

明细账

二级科目编码及名称：_____

年 月 日	凭证 种类 号数	摘要	借方 千百十万千百十元角分										贷方 千百十万千百十元角分										借或贷	余额 千百十万千百十元角分									
																							√										

总第____页____分____页

明细账

二级科目编码及名称：_____

年 月 日	凭证 种类 号数	摘要	借方 千百十万千百十元角分										贷方 千百十万千百十元角分										借或贷	余额 千百十万千百十元角分									
																							√										

总第____页____分____页

明细账

二级科目编码及名称：_____ 总第_____页

年 月 日	凭证 种类	证 号数	摘要	借方									贷方									借或贷	余额								
				千	百	十	万	千	百	十	元	角	分	千	百	十	万	千	百	十	元	角	分		千	百	十	万	千	百	十	元	角	分

明细账

二级科目编码及名称：_____ 总第_____页

年 月 日	凭证 种类	证 号数	摘要	借方									贷方									借或贷	余额								
				千	百	十	万	千	百	十	元	角	分	千	百	十	万	千	百	十	元	角	分		千	百	十	万	千	百	十	元	角	分

原材料明细账

材料类别：___　　材料名称：___　　计量单位：___　　计划单价：___　　第___页

年	月 日	凭证 种类	号数	摘要	收入（借方）									单价	数量	发出（贷方）									单价	数量	结存								
					数量		金额									金额											金额								
					千	百	十	万	千	百	十	元	角	分			千	百	十	万	千	百	十	元	角	分			千	百	十	万	千	百	十	元	角	分

原材料明细账

材料类别：_____ 材料名称：_____ 计量单位：_____ 计划单价：_____ 第　页

年	凭证		摘要	收入（借方）									发出（贷方）									结存							
月 日	种类	号数		数量	单价	金额							数量	单价	金额								数量	单价	金额						
						千	百	十	万	千	百	十	元	角	分			千	百	十	万	千	百	十	元	角	分	千	百	十	万	千	百	十	元	角	分

原材料明细账

材料类别：_____ 材料名称：_____ 计量单位：_____ 计划单价：_____ 第___页

年		凭证		摘要	数量	单价	收入（借方）金额								数量	单价	发出（贷方）金额								数量	单价	结存金额							
月	日	种类	号数				千	百	十	万	千	百	十	元	角	分			千	百	十	万	千	百	十	元	角	分			千	百	十	万	千	百	十	元	角	分

原材料明细账

材料类别：_____　材料名称：_____　计量单位：_____　计划单价：_____　第___页

年		凭证		摘要	收入（借方）									发出（贷方）									结存							
月	日	种类	号数		数量	单价	金额							数量	单价	金额							数量	单价	金额						
							千	百	十	万	千	百	十	元	角	分			千	百	十	万	千	百	十	元	角	分			千	百	十	万	千	百	十	元	角	分

原材料明细账

材料类别：_____　　材料名称：_____　　计量单位：_____　　计划单价：_____　　第____页

年	凭证		摘要	收入（借方）			发出（贷方）			结存		
月 日	种类	号数		数量	单价	金额 千百十万千百十元角分	数量	单价	金额 千百十万千百十元角分	数量	单价	金额 千百十万千百十元角分

原材料明细账

第____页

材料类别:____ 材料名称:____ 计量单位:____ 计划单价:____

年		凭证		摘要	数量	单价	收入(借方)金额								数量	单价	发出(贷方)金额								数量	单价	结存金额							
月	日	种类	号数				千	百	十	万	千	百	十	元	角	分			千	百	十	万	千	百	十	元	角	分			千	百	十	万	千	百	十	元	角	分

原材料明细账

材料类别：_____ 材料名称：_____ 计量单位：_____ 计划单价：_____ 第____页

年		凭证		摘要	数量	单价	收入（借方）金额									数量	单价	发出（贷方）金额								数量	单价	结存金额							
月	日	种类	号数				千	百	十	万	千	百	十	元	角	分			千	百	十	万	千	百	十	元	角	分			千	百	十	万	千	百	十	元	角	分

原材料明细账

材料类别：_____ 材料名称：_____ 计量单位：_____ 计划单价：_____ 第_____页

年 月 日	凭证		摘要	收入（借方）										发出（贷方）										结存									
	种类	号数		数量	单价	金额								数量	单价	金额									数量	单价	金额							
						千	百	十	万	千	百	十	元	角	分		千	百	十	万	千	百	十	元	角	分		千	百	十	万	千	百	十	元	角	分

原材料明细账

材料类别：_____ 材料名称：_____ 计量单位：_____ 计划单价：_____ 第____页

年	月	日	凭证种类	号数	摘要	收入（借方）									发出（贷方）									结存								
						数量	单价	金额 千	百	十	万	千	百	十	元	角	分	数量	单价	金额 千	百	十	万	千	百	十	元	角	分	数量	单价	金额 千	百	十	万	千	百	十	元	角	分

库存商品明细账

商品类别：_____ 商品名称：_____ 计量单位：_____ 计划单价：_____ 第_____页

年		凭证		摘要	收入（借方）										发出（贷方）										结存									
					数量	单价	金额								数量	单价	金额								数量	单价	金额							
月	日	种类	号数				千	百	十	万	千	百	十	元	角	分			千	百	十	万	千	百	十	元	角	分			千	百	十	万	千	百	十	元	角	分

库存商品明细账

商品类别：_____ 商品名称：_____ 计量单位：_____ 计划单价：_____ 第____页

年		凭证		摘要	收入（借方）									发出（贷方）									结存								
月	日	种类	号数		数量	单价	金额							数量	单价	金额							数量	单价	金额							
							千	百	十	万	千	百	十	元	角	分			千	百	十	万	千	百	十	元	角	分	千	百	十	万	千	百	十	元	角	分

库存商品明细账

商品类别：_____ 商品名称：_____ 计量单位：_____ 计划单价：_____ 第_____页

年	凭证		摘要	收入（借方）									发出（贷方）									结存							
月 日	种类	号数		数量	单价	金额							数量	单价	金额								数量	单价	金额						
						千	百	十	万	千	百	十	元	角	分			千	百	十	万	千	百	十	元	角	分			千	百	十	万	千	百	十	元	角	分

库存商品明细账

商品类别：_____ 商品名称：_____ 计量单位：_____ 计划单价：_____ 第 ___ 页

年		凭证		摘要	收入（借方）										发出（贷方）										结存								
月	日	种类	号数		数量	单价	金额									数量	单价	金额								数量	单价	金额						
							千	百	十	万	千	百	十	元	角	分			千	百	十	万	千	百	十	元	角	分			千	百	十	万	千	百	十	元	角	分

自制半成品明细账

商品类别：_____ 商品名称：_____ 计量单位：_____ 计划单价：_____ 第___页

年		凭证		摘要	收入（借方）									发出（贷方）									结存								
月	日	种类	号数		数量	单价	金额								数量	单价	金额								数量	单价	金额							
							千	百	十	万	千	百	十	元	角	分			千	百	十	万	千	百	十	元	角	分			千	百	十	万	千	百	十	元	角	分

自制半成品明细账

商品类别：_____ 商品名称：_____ 计量单位：_____ 计划单价：_____ 第___页

年		凭证		摘要	收入（借方）									单价	数量	发出（贷方）									单价	数量	结存								
月	日	种类	号数		金额											金额											金额								
					千	百	十	万	千	百	十	元	角	分			千	百	十	万	千	百	十	元	角	分			千	百	十	万	千	百	十	元	角	分

自制半成品明细账

商品类别：＿＿＿＿　　商品名称：＿＿＿＿　　计量单位：＿＿＿＿　　计划单价：＿＿＿＿　　第＿＿页

年		凭证		摘要	收入（借方）									发出（贷方）									结存							
月	日	种类	号数		数量	单价	金额							数量	单价	金额								数量	单价	金额						
							千	百	十	万	千	百	十	元	角	分				千	百	十	万	千	百	十	元	角	分				千	百	十	万	千	百	十	元	角	分

自制半成品明细账

商品类别：＿＿＿＿＿＿　商品名称：＿＿＿＿＿＿　计量单位：＿＿＿＿＿＿　计划单价：＿＿＿＿＿＿　第＿＿＿页

年		凭证		摘要	数量	单价	收入（借方）金额									数量	单价	发出（贷方）金额									结存金额							
月	日	种类	号数				千	百	十	万	千	百	十	元	角	分			千	百	十	万	千	百	十	元	角	分	千	百	十	万	千	百	十	元	角	分

应交税费——应交增值税明细账

总第 _____   页 分 _____ 页

年	凭证		摘要	借方发生额				贷方发生额			借或贷	余额
月 日	种类	号数		进项税额	已交税金	转出多交	合计	销项税额	进项税额转出	转出多交	合计		

应交税费——应交增值税明细账

总第_____页 第_____页 分_____页

年	凭证		摘要	借方发生额				贷方发生额				借或贷	余额
月 日	种类	号数		进项税额	已交税金	转出多交	合计	销项税额	进项税额转出	转出多交	合计		

应交税费——应交增值税明细账

总第_____页 分_____页

年	凭证		摘要	借方发生额				贷方发生额				借或贷	余额
月 日	种类	号数		进项税额	已交税金	转出多交	合计	销项税额	进项税额转出	转出多交	合计		

销售费用明细账

第_____页

年	凭证		摘要	广告费	业务宣传费	折旧费	职工薪酬	折旧费	差旅费	其他费用	合计
月 日	种类	号数									

销售费用明细账

第_____页

年		凭证		摘要	广告费	业务宣传费	折旧费	职工薪酬	折旧费	差旅费	其他费用	合计
月	日	种类	号数									

管理费用明细账

第_____页

年	凭证		摘要	材料费	人工费	折旧费	业务招待费	办公费	差旅费	其他费用	合计
月 日	种类	号数									

管理费用明细账

第_____页

年	月	日	凭证 种类	号数	摘要	材料费	人工费	折旧费	业务招待费	办公费	差旅费	其他费用	合计

财务费用明细账

第_____页

年		凭证		摘要	利息支出	利息收入	汇兑收益	汇兑损失	现金折扣	手续费	其他费用	合计
月	日	种类	号数									

财务费用明细账

第____页

年	凭证		摘要	利息支出	利息收入	汇兑收益	汇兑损失	现金折扣	手续费	其他费用	合计
月 日	种类	号数									

基本生产成本明细账

车间名称：_____　　产品名称：_____　　计量单位：_____　　第 _____ 页

月初在产品数量：_____　本月投产量：_____　本月完工产品数量：_____　月末在产品数量：_____

凭证		摘要	成 本 项 目				合 计
年月日	种类 号数		半成品	直接材料	直接人工	制造费用	

基本生产成本明细账

车间名称：_____　　产品名称：_____　　计量单位：_____　　第____页

月初在产品数量：_____　　本月投产量：_____　　本月完工产品数量：_____　　月末在产品数量：_____

年	月	凭证		摘要	成本项目				合计
月	日	种类	号数		半成品	直接材料	直接人工	制造费用	

基本生产成本明细账

车间名称：_____　　产品名称：_____　　计量单位：_____　　第____页

月初在产品数量：_____　　本月投产量：_____　　本月完工产品数量：_____　　月末在产品数量：_____

年	月	日	凭证 种类	凭证 号数	摘要	成本项目				合计
						半成品	直接材料	直接人工	制造费用	

基本生产成本明细账

车间名称：_____ 产品名称：_____ 计量单位：_____ 第 _____ 页

月初在产品数量：_____ 本月投产量：_____ 本月完工产品数量：_____ 月末在产品数量：_____

年	凭证		摘要	成本项目				合计
月 日	种类	号数		半成品	直接材料	直接人工	制造费用	

基本生产成本明细账

车间名称：_____　　产品名称：_____　　计量单位：_____　　第____页

月初在产品数量：_____　　本月投产量：_____　　本月完工产品数量：_____　　月末在产品数量：_____

年		凭证		摘要	成本项目				合计
月	日	种类	号数		半成品	直接材料	直接人工	制造费用	

基本生产成本明细账

车间名称：_____　　产品名称：_____　　计量单位：_____　　第_____页

月初在产品数量：_____　　本月投产量：_____　　本月完工产品数量：_____　　月末在产品数量：_____

凭证		摘要	成本项目				合计
年 月 日	种类 号数		半成品	直接材料	直接人工	制造费用	

基本生产成本明细账

车间名称：_____　　产品名称：_____　　计量单位：_____　　第 _____ 页

月初在产品数量：_____　　本月投产量：_____　　本月完工产品数量：_____　　月末在产品数量：_____

年		凭证		摘要	成本项目				合计
月	日	种类	号数		半成品	直接材料	直接人工	制造费用	

基本生产成本明细账

车间名称：_____ 产品名称：_____ 计量单位：_____ 第_____页

月初在产品数量：_____ 本月投产量：_____ 本月完工产品数量：_____ 月末在产品数量：_____

年		凭证		摘要	成本项目				合计
月	日	种类	号数		半成品	直接材料	直接人工	制造费用	

基本生产成本明细账

车间名称：_____ 产品名称：_____ 计量单位：_____ 第_____页

月初在产品数量：_____ 本月投产量：_____ 本月完工产品数量：_____ 月末在产品数量：_____

年		凭证		摘要	成本项目				合计
月	日	种类	号数		半成品	直接材料	直接人工	制造费用	

基本生产成本明细账

产品名称：_____ 计量单位：_____ 第_____页

车间名称：_____

月初在产品数量：_____ 本月投产量：_____ 本月完工产品数量：_____ 月末在产品数量：_____

年		凭证		摘要	成本项目				合计
月	日	种类	号数		半成品	直接材料	直接人工	制造费用	

基本生产成本明细账

车间名称：_____
产品名称：_____ 计量单位：_____ 第_____页
月初在产品数量：_____ 本月投产量：_____ 本月完工产品数量：_____ 月末在产品数量：_____

年		凭证		摘要	成本项目				合计
月	日	种类	号数		半成品	直接材料	直接人工	制造费用	

辅助生产成本明细账

车间名称：_____ 第____页

年	凭证		摘要	费用名称				合计
月 日	种类	号数		材料费	人工费	折旧费	水电费	其他费用	

辅助生产成本明细账

车间名称：_____   第_____页

年		凭证		摘要	费用名称				合计
月	日	种类	号数		材料费	人工费	折旧费	水电费	其他费用	

辅助生产成本明细账

第_____页

车间名称：_____

年	凭证		摘要	费用名称				合计
月 日	种类	号数		材料费	人工费	折旧费	水电费	其他费用	

辅助生产成本明细账

车间名称：_____　　　　　　　　　　　　　　　　　　　　　　　　　　　　　　　　　　　　　　第_____页

年		凭证		摘要	费用名称				合计
月	日	种类	号数		材料费	人工费	折旧费	水电费	其他费用

制造费用明细账

第_____页

车间名称：_____

年		凭证		摘要	费用名称				合计
月	日	种类	号数		材料费	人工费	折旧费	水电费	其他费用	

制造费用明细账

车间名称：_____ 第_____页

年	月	日	凭证 种类	凭证 号数	摘要	费用名称					合计
						材料费	人工费	折旧费	水电费	其他费用	

制造费用明细账

第_____页

车间名称：_____

年		凭证		摘要	费用名称				合计
月	日	种类	号数		材料费	人工费	折旧费	水电费	其他费用	

制造费用明细账

车间名称：_____　　　　　　　　　　　　　　　　　　　　　　　　　　　第_____页

| 年 | 月 | 日 | 凭证 | | 摘要 | 费用名称 | | | | 合计 |
			种类	号数		材料费	人工费	折旧费	水电费	其他费用	

材料成本差异明细账

材料类别：_____   第_____页

年		凭证		摘要	差异率	借方发生额			贷方发生额			余额		
月	日	种类	号数			计划成本	成本差异		计划成本	成本差异		计划成本	借方差异	贷方差异

会计凭证封面

年　月　　　　　　　　　编号

单位名称	中信泰克机械有限公司
册　数	第　　册共　　册
起讫编号	自第　　号至第　　号止共计　　张
起讫日期	自20　年　月　日至20　年　月　日止
凭证张数	记账凭证　　张　附件　　张

财务主管：　　　　　　　复核：　　　　　　　装订：

会计凭证封面

年　月　　　　　　　　　编号

单位名称	中信泰克机械有限公司
册　数	第　　册共　　册
起讫编号	自第　　号至第　　号止共计　　张
起讫日期	自20　年　月　日至20　年　月　日止
凭证张数	记账凭证　　张　附件　　张

财务主管：　　　　　　　复核：　　　　　　　装订：

抽出凭证记录

抽出日期			抽出凭证名称	抽出原因	抽出人签字	经管人签字	归还日期			收件人
年	月	日					年	月	日	

-----------✂-----------

抽出凭证记录

抽出日期			抽出凭证名称	抽出原因	抽出人签字	经管人签字	归还日期			收件人
年	月	日					年	月	日	

会计凭证封面

年　月　　　　　　　　　　　　编号

单位名称	中信泰克机械有限公司
册　数	第　册共　册
起讫编号	自第　号至第　号止共计　张
起讫日期	自20　年　月　日至20　年　月　日止
凭证张数	记账凭证　张附件　张

财务主管：　　　　　　复核：　　　　　　装订：

会计凭证封面

年　月　　　　　　　　　　　　编号

单位名称	中信泰克机械有限公司
册　数	第　册共　册
起讫编号	自第　号至第　号止共计　张
起讫日期	自20　年　月　日至20　年　月　日止
凭证张数	记账凭证　张附件　张

财务主管：　　　　　　复核：　　　　　　装订：

抽出凭证记录

抽出日期			抽出凭证名称	抽出原因	抽出人签字	经管人签字	归还日期			收件人
年	月	日					年	月	日	

抽出凭证记录

抽出日期			抽出凭证名称	抽出原因	抽出人签字	经管人签字	归还日期			收件人
年	月	日					年	月	日	

中信泰克机械有限公司

日 记 账

（库存现金、银行存款）

2019 年度

账簿启用及接交表

单位名称	中信泰克机械有限公司		记账	姓名	盖章		交出	年	月	日	盖章
账簿名称											
账簿编号			复核	姓名	盖章		接管	年	月	日	盖章
账簿页数											
启用日期	公元 年 月 日		财务主管	姓名	盖章						
单位主管	姓名	盖章	经管人员	姓名							
接交人员	职别										
备注											

日记账封底

中信泰克机械有限公司

明细分类账

单位名称	
账簿名称	
所属年度	年度　　　装订册次　　第　册（共　册）
起讫页码	自第　页至第　页（共　页）

单位主管		财务主管		记账		装订	
姓名	签章	姓名	签章	姓名	签章	姓名	签章

经管人员

备注

会计档案	自　年　月　日至　年　月　日止	保管期限：　年　月　日止
	册内共　页（张）	
	目录号	宗卷号

目 录

会计科目	起止号码	会计科目	起止号码	会计科目	起止号码

明细分类账封底

中信泰克机械有限公司

明细分类账

单位名称	
账簿名称	
所属年度	年度　　　装订册次　　　第　　册（共　　册）
起讫页码	自第　　页至第　　页（共　　页）

单位主管		财务主管		记账		装订	
姓名	签章	姓名	签章	姓名	签章	姓名	签章
经管人员							
备注							

会计档案	自　年　月　日至　年　月　日止	
	册内共　　页（张）	保管期限：
	目录号	宗卷号

目 录

会计科目	起止号码	会计科目	起止号码	会计科目	起止号码

明细分类账封底

单位名称	中信泰冠机械有限公司			
账簿名称	总分类账		装订	姓名 / 签章
所属年度	2018年度	装订册次 第 册（共 册）		
起讫页码	自第 页至第 页（共 页）		记账	姓名 / 签章
			财务主管	姓名 / 签章
经营人员	单位主管	姓名 / 签章		
备注				

会计档案	自 年 月 日至 年 月 日止	
	册内共 页（张）	保管期限：
	目录号	宗卷号

目 录

会计科目	起止号码	会计科目	起止号码	会计科目	起止号码	会计科目	起止号码
库存现金		存货跌价准备		应付股利		主营业务收入	
银行存款		长期股权投资		应付利息		主营业务成本	
其他货币资金		固定资产		应交税费		税金及附加	
交易性金融资产		累计折旧		其他应付款		其他业务收入	
应收票据		在建工程		长期借款		其他业务成本	
应收账款		固定资产清理		实收资本		销售费用	
其他应收款		无形资产		资本公积		管理费用	
坏账准备		累计摊销		盈余公积		财务费用	
材料采购		长期待摊费用		本年利润		投资收益	
原材料		待处理财产损溢		利润分配		营业外收入	
周转材料		短期借款		基本生产成本		营业外支出	
材料成本差异		应付票据		辅助生产成本		资产减值损失	
自制半成品		应付账款		制造费用		信用减值损失	
库存商品		应付职工薪酬		主营业务收入		公允价值变动损益	

总分类账封底

中信泰克机械有限公司

会计报表
（资产负债表、利润表）

2019 年度

会计报表封底

年＿月＿第＿号　第＿共＿册

年＿月＿第＿号　第＿共＿册

年＿月＿第＿号　第＿共＿册

年＿月＿第＿号　第＿共＿册

郑重声明

高等教育出版社依法对本书享有专有出版权。任何未经许可的复制、销售行为均违反《中华人民共和国著作权法》，其行为人将承担相应的民事责任和行政责任；构成犯罪的，将被依法追究刑事责任。为了维护市场秩序，保护读者的合法权益，避免读者误用盗版书造成不良后果，我社将配合行政执法部门和司法机关对违法犯罪的单位和个人进行严厉打击。社会各界人士如发现上述侵权行为，希望及时举报，本社将奖励举报有功人员。

反盗版举报电话　（010）58581999　58582371　58582488
反盗版举报传真　（010）82086060
反盗版举报邮箱　dd@hep.com.cn
通信地址　北京市西城区德外大街4号　高等教育出版社法律事务与版权管理部
邮政编码　100120